COLLECTION MICHEL LÉVY
— 1 franc le volume —
1 franc 25 centimes à l'Étranger

HENRY MURGER
— OEUVRES COMPLÈTES —

MADAME
OLYMPE

PARIS
MICHEL LÉVY FRÈRES, LIBRAIRES-ÉDITEURS
RUE VIVIENNE, 2 BIS

1859

COLLECTION MICHEL LÉVY

OEUVRES COMPLÈTES

DE

HENRY MURGER

OEUVRES COMPLÈTES
D'HENRY MURGER

PARUES DANS LA COLLECTION MICHEL LÉVY

LE DERNIER RENDEZ-VOUS.	1 vol.
LE PAYS LATIN.	1 —
SCÈNES DE CAMPAGNE.	1 —
LES BUVEURS D'EAU.	1 —
LES VACANCES DE CAMILLE	1 —
LE ROMAN DE TOUTES LES FEMMES.	1 —
PROPOS DE VILLE ET PROPOS DE THÉATRE	1 —
SCÈNES DE LA VIE DE JEUNESSE.	1 —
SCÈNES DE LA VIE DE BOHÊME.	1 —
LE SABOT ROUGE	1 —
MADAME OLYMPE.	1 —

BALLADES ET FANTAISIES

Un joli volume in-32

LA VIE DE BOHÊME, comédie en cinq actes.

LE BONHOMME JADIS, comédie en un acte.

Paris, imprimerie de Ch. Jouaust, rue Saint-Honoré, 338.

MADAME
OLYMPE

PAR

HENRY MURGER

PARIS
MICHEL LÉVY FRÈRES, LIBRAIRES-ÉDITEURS
RUE VIVIENNE, 2 BIS
—
1860
Tous droits réservés

MADAME OLYMPE

I

Il est midi. — Un grêle rayon de soleil, perçant à grand'peine la brumeuse atmosphère d'un jour de pluie, jette, à travers les amples rideaux de damas discrètement drapés, une pâle et douteuse lumière, terne comme une lueur funèbre. Au milieu de cette obscurité diurne, qui laisse plutôt deviner qu'apercevoir les objets, dans un angle de la chambre si prudemment close aux inquisitions de l'extérieur, on distingue, d'abord confusément et plus clairement ensuite, une silhouette de femme assise au fond d'un grand fauteuil, et dans la pose que prend la méditation intime.

Cette femme est notre héroïne, madame la comtesse Olympe, que nous avons l'honneur de présenter à nos lecteurs. Et peut-être en est-il quelques-uns pour qui cette présentation ne sera pas une première entrevue, car madame Olympe n'est pas une création de fantaisie, un portrait dont l'original n'existe pas : c'est une figure du monde réel. Madame Olympe est patronnesse dans toutes les fêtes de bienfaisance ; on la voit en grande loge à toutes les premières représentations. Elle était hier au bal de l'ambassade d'Autriche, elle sera demain au raout de l'ambassade anglaise. Madame Olympe est en outre une des trente femmes de Paris qui donnent le ton à la mode, inaugurent les excentricités, et marchent en avant de toutes les novations, en matière de chapeaux comme en matière de sentiment. En vérité, oui, madame Olympe est très connue. Vous, Monsieur, qui occupez un rang dans l'art ou dans l'aristocratie, vous l'avez rencontrée ; et malgré vous, peut-être, vous aurez subi, ne fût-ce qu'un moment, la fascination qui s'exhale toujours d'une louange féminine, et vous aurez été séduit par le solo de flatterie qu'elle vous aura coulé en l'oreille. Vous, Madame, qui portez avec tant de grâce la fraîche couronne de vos vingt ans, vous devez connaître aussi madame Olympe. Votre voiture a rencontré la sienne dans une allée du bois, un jour que vous n'étiez pas seule, et vous avez senti s'arrêter sur vous deux regards froids, prophétiques éclairs qui troublent comme une menace, et dans lesquels vous avez lu l'éclat prochain d'un orage prêt à fondre sur votre bonheur, innocent peut-être, mais qu'on croira coupable : car vous avez été devinée par madame Olympe, et c'est une des plus habiles ouvrières en scandale qui soient dans le monde, à ce point qu'on l'a surnommée le *Benvenuto de la calomnie*. Sa réputation en ce genre est faite, au reste, depuis longtemps ; et aux yeux des gens qui confondent la méchanceté avec l'esprit, l'aiguillon qui effleure avec le poignard qui déchire, madame Olympe passe pour une femme spirituelle. Ceci est une erreur ; mais, comme tant d'autres, elle a, en vieillissant, acquis la valeur d'une vérité. Au reste, dans le courant de cette étude, et pour l'instruction de ceux de nos lecteurs qui connaîtraient notre héroïne, nous nous proposons de dénouer un à un les cordons de tous ses masques. Et, pour commencer, nous vous rendrons les témoins d'une scène qui se renouvelle quotidiennement, de dix heures à midi, dans cette chambre intime où nous venons de trouver madame Olympe, entourée de tout le mystère habituel aux conspirateurs. Et en effet madame Olympe conspire en ce moment ; recueillie dans le silence, elle médite quelque plan de destruction : il y a sans doute dans le monde quelque réputation immaculée à laquelle elle rêve une tache. Peut-être, parmi les hommes que sa parole ou son sourire inclinent comme la brise fait des roseaux, s'en est-il trouvé un qui n'a pas voulu accepter le commun servage, et aura conservé devant elle une indifférente immobilité. Foudre et tempête à celui-là, jusqu'à ce qu'il ploie ou jusqu'à ce qu'il rompe. Après avoir longuement réfléchi et combiné le plan de l'attaque qu'elle méditait, madame Olympe songea à se mettre sous les armes : car, après avoir consulté sa pendule, elle vit que l'heure s'approchait où elle devait se trouver en face de l'ennemi.

Alors qu'elle eut fait deux ou trois tours dans sa chambre, elle s'avança près de son miroir, et, pendant cinq minutes, elle resta devant, immobile, debout et presque atterrée. Jamais cet inflexible confident n'avait répondu par une plus brutale réponse à l'inquiète interrogation que venait lui adresser madame Olympe.

« Oh! murmura-t-elle à voix basse en reculant épouvantée devant cette image d'elle-même; oh! s'il me voyait ainsi! »

Une sonnerie de la pendule répondit à cette interrogation. Madame Olympe jeta un nouveau coup d'œil sur le cadran, et ne put s'empêcher de tressaillir en voyant le rapide chemin qu'avait fait l'aiguille pendant qu'elle s'était livrée à ses méditations : « Allons, dit-elle, il me reste encore près de deux heures. »

Et madame Olympe commença sa toilette avec une adresse et un soin qui attestaient une longue pratique. Elle mit d'abord en usage une foule de substances chimiques, étiquetées de noms bizarres; elle rangea dans un ordre pour ainsi dire hiérarchique une douzaine de flacons pleins de liqueurs puisées aux fontaines de Jouvence de l'industrie. Elle sortit d'un tiroir doublement fermé une multitude d'instruments connus seulement des femmes qui s'obstinent à reculer les limites où le temps les a poussées, et veulent, à l'exemple de certaines actrices, perpétuer un rôle de jeune première, quand leur acte de naissance est devenu depuis longtemps un brevet de *mère noble*.

Quand elle eut tout préparé, tout mis à portée de sa main, madame Olympe commença cette difficile opération qui lui prenait quotidiennement une matinée ; à l'aide de parfums, d'eaux lustrales, de fards, de pommades, elle effaça progressivement la date injurieuse inscrite à son front. Une à une elle combla les rides qui donnaient à son visage l'aspect d'une peinture dont le temps a fait craqueler le vernis. Un à un elle arracha les fils d'argent assez nombreux pour faire une insolente antithèse avec l'ébène de sa chevelure, qui, de rare qu'elle était, devint subitement, et par d'ingénieuses additions, volumineuse au point de lutter avec les opulentes tresses qui descendent comme un manteau d'or sur les épaules splendides de la maîtresse de Titien. Poursuivant ce travail qui rentrait absolument dans le domaine de l'art, elle employa tout son arsenal de subterfuges, et se décida même, tant la circonstance était grave, à recourir à des moyens extrêmes, énergiquement repoussés par l'hygiène.

Cependant, de même qu'un sculpteur adoucit avec l'ébauchoir les contours de sa figure, et en polit l'épiderme sous les caresses de la gradine, de même madame Olympe après ces préparatifs se crut arrivée à un degré d'exécution assez complet : car elle s'en témoigna sa satisfaction par un sourire que lui renvoya son miroir, qui, en devenant son complice, commençait à remplacer les épigrammes par des madrigaux.

Il y avait déjà beaucoup de fait, mais il restait encore à faire, et l'heure impérative commandait la hâte ; madame Olympe songea donc à commencer la seconde partie de sa toilette. Mais, si la première exigeait un mystère absolu qui repoussait toute confidence, l'autre, offrant moins de dangers et ayant moins à redouter les indiscrétions, réclamait d'ailleurs un aide. Après avoir fait rentrer dans le tiroir secret tous les objets dont elle venait de se servir, madame Olympe alla tirer le verrou qui la garantissait de toute surprise, et revint agiter une sonnette qui appelait sa femme de chambre.

Un instant après, celle-ci se présenta.

« Madame a sonné? demanda-t-elle.

— Oui, répondit madame Olympe, je veux m'habiller; dépêchez-vous, je dois être sortie à deux heures.

— Madame sera prête, répondit Mariette. Quelle toilette faut-il préparer?

— Celle que j'avais hier. Non, non, Mariette, reprit madame Olympe en jetant un coup d'œil sur la glace. Donnez-moi ma robe de velours, mon chapeau blanc et mon mantelet de dentelle noire. »

Et ici, lecteur, permettez-nous une courte digression, et veuillez accepter comme très sérieuses et très sincères les réflexions qui vont suivre, et qu'une expérience personnelle nous a fait concevoir.

Ne vous est-il jamais arrivé d'avoir été distrait dans une de vos courses ou dans une de vos promenades par l'apparition subite de quelque forme féminine, svelte, juvénile, charmante, et marchant ou plutôt glissant devans vous, les pieds ailés, la taille ceinte d'une écharpe lutinée par les caprices du vent, le front couronné d'un frais chapeau fleuri d'un printemps artificiel? Soudainement et comme malgré vous, vous vous êtes attaché aux pas de cette inconnue. Sérieux ou frivole, vous oubliez le motif de votre sortie, vous vous dérangez de votre itinéraire, et, en ébauchant tout bas une aventure, vous suivez, à courte distance, en rendant grâces au hasard, une femme que vous ne connaissez aucunement, dont vous ignorez la position, le nom, mais qu'une toilette élégante ou somptueuse, une démarche distinguée, un vague parfum de bonne compagnie qu'elle laisse derrière elle, vous font sur-le-champ imaginer riche, jeune et belle; et, sur ces simples et gratuites prévisions, vous pressez le pas en cherchant un moyen honnête d'entamer le premier chapitre du roman que vous improvisez si bénévolement. Tout cela parce que vous êtes jeune, aventureux et toujours prêt à vous jeter à tout propos et même sans propos dans le premier sentier venu qui pourra vous éloigner de la route commune où marchent les gens qui savent où ils vont, et dont l'existence est réglée par le programme de la nécessité. Cependant, après de longs détours, après de nombreuses stations, vous éprouvez le désir bien naturel de savoir si votre science d'artiste ou d'observateur a eu tort ou raison dans ses suppositions; et, profitant d'un encombrement de voitures ou de tout autre incident de voie publique, qui aura pour un instant arrêté la marche de votre héroïne, vous pressez le pas pour la joindre, vous l'atteignez enfin au moment où elle va reprendre sa course légère, et, au premier regard que vous hasardez, vous tombez du cinquième étage de votre rêve en vous trouvant en face d'une douairière dont le visage est historié de pattes d'oie, et vous vous demandez stupéfait comment vous avez pu prendre pour une femme jeune ce demi-siècle qui marchait devant vous sans béquilles. Ou bien il peut se faire aussi que celle que vous aurez suivie pendant deux heures n'ait pas encore atteint l'âge où les femmes devraient prendre leur retraite ; mais la chute n'en sera pas moins affreuse, car vous vous trouverez en face d'une laide. Or, si la vieillesse est un péché dont on se rend toujours coupable avec le temps, la laideur est un crime originel pour lequel nous n'admettons point d'excuse.

A Paris surtout, les femmes laides ou vieilles courent les rues, et dans une seule journée un jeune homme honnête et bien né peut tomber dix fois dans les piéges que tendent celles qui sont coupables de l'un ou l'autre de ces délits, qui se ressemblent souvent : car il est à remarquer que ce sont précisément les femmes vieilles ou laides qui sont les plus friandes des galantes poursuites des jeunes gens, et aiment le plus à causer des mystifications pareilles à celles que nous venons de signaler. Eh bien ! cela est tout simplement un attentat au sentiment et à la sincérité de ceux qui marchent dans la rue par le chemin de la flânerie et font la chasse aux aventures. Et une preuve que c'est de la part des femmes laides ou vieilles une conspiration organisée sur une grande échelle, c'est que jamais l'une d'elles ne se détournera pour démentir la poétique et galante supposition de ceux qui la suivent; au contraire, grand Dieu! elles mettent à profit les profondes études qu'elles ont faites de la théorie de la démarche. De là cette agilité, cette *desinvoltura* qui charme, séduit, entraîne, irrite la curiosité et entretient une erreur dont elles jouissent intérieurement et qu'elles s'efforcent de prolonger, en évitant, par toutes sortes de ruses et de mines plus provocantes que réservées, l'examen de ceux qu'elles abusent.

Dans une civilisation qui se dit bien organisée, de pareilles choses devraient être sévèrement défendues. On ne saurait calculer les graves résultats que peuvent causer ces erreurs auxquelles nous sommes tous exposés. Et d'abord, en suivant une femme vieille ou laide, nous évitons peut-être d'en rencontrer une jeune et belle; nous allons nous piquer à une ortie, tandis que nous aurions pu trouver une rose. Cela est certainement un dommage très réel et très sérieux. D'un autre côté, il est prouvé que la rencontre d'une femme laide ou vieille est fatale pour celui qui la fait. C'est un accident de mauvais augure et dont l'influence peut se prolonger longtemps. Le ciel vous paraît moins clair, votre esprit demeure alourdi, vous perdez l'appétit, l'ennui se mêle à vos plaisirs comme le ver au fruit. Le doute et la lassitude se glissent dans vos amours; si vous êtes poëte, vous éprouvez le vague besoin de composer une tragédie. Enfin pendant toute une journée vous n'êtes plus vous-même : l'aspect d'une figure séculaire ou d'un vilain visage vous a ainsi bouleversé, vous pensez à la mort. — Il vaut mieux rencontrer deux enterrements qu'une vieille femme, et trois créanciers qu'une femme laide.

Mais ce qui aggrave encore le crime et constitue la préméditation, c'est le soin extrême que les femmes laides ou vieilles apportent à dissimuler leur âge et leurs défauts physiques, en appelant à leur aide toutes les ressources de la coquetterie, et en s'armant de toutes les ruses les plus subtiles de l'élégance et de la toilette.

Ce sont ces sexagénaires qui inventent les coupes de vêtements les plus juvéniles et les plus gracieuses; ce sont les femmes laides qui emploient les plus charmantes créations de la mode : à elles les diamants, l'or, la pourpre, la soie aux plis harmonieux, le velours aux nuances superbes, la dentelle brodée par des artisans fées ; à elles les trésors les plus mystérieux de la nature : perles, fleurs, parfums. Tout ce qui a été de droit créé pour la jeunesse et pour la beauté est en plus grande partie le partage des femmes laides et vieilles. Eh bien ! c'est une usurpation illégale et tout à fait contre nature. A l'aide d'un morceau de velours, d'une aune de dentelle, d'une pierre étincelante ou d'un bouquet de fleurs, une femme laide et vieille pourra descendre dans la rue et attenter à la crédulité de ceux qui la suivent, surtout s'ils ont la vue basse : et tous les jeunes gens sont myopes aujourd'hui ; et chacun de ces attentats peut occasionner les malheurs graves plus haut mentionnés.

Il en résulte qu'on n'est plus en sûreté dans Paris, et tous les gens mus par l'amour du bien, qui est aussi le désir du beau, doivent protester contre un pareil état de choses, et s'efforcer surtout d'y apporter un remède.

Comme nous ne sommes pas de ceux qui se contentent d'indiquer le mal, nous donnerons aux spécialistes qui voudraient étudier la question un moyen que nous avons imaginé depuis longtemps.

Les femmes laides devraient être strictement revêtues d'un uniforme qui pût les faire reconnaître de loin. Une robe grise en laine, un bonnet de veuve duquel tomberait un voile épais comme un brouillard, une chaussure grossière et des bas de laine noire. Les bas blancs et les bottines seraient sévèrement interdits : cela donne du relief à la jambe, et il est prouvé que les femmes laides ont généralement la jambe très bien faite.

Quant aux femmes vieilles, elles devraient être strictement vêtues de jaune des pieds à la tête ; aucune fleur, pas un diamant, nul de ces ornements qui appartiennent à un autre âge.

En outre, femmes laides et vieilles ne pourraient à aucun titre pénétrer dans les bals, spectacles et autres lieux de plaisir public. Elles auraient les bals et les soirées particulières ; mais alors personne n'irait, et elles mourraient d'ennui.

Nous n'y voyons aucun inconvénient.

Une cour spéciale serait établie pour juger les dé-

linquantes, d'après un code dont la rédaction serait
confiée aux jeunes gens et aux belles femmes.

Et voilà comment tout irait pour le mieux, et comment madame la comtesse Olympe, qui s'est habillée et
a dissimulé son âge véritable dans un étui de velours
et de soie, ne serait pas lorgnée par un jeune homme
d'une vingtaine d'années qui vient de l'apercevoir
monter en voiture, ce qui, pendant cinq minutes au
moins, lui fait oublier une printanière créature qui
l'attend en comptant les heures et en serrant son corset de façon à rompre le lacet.

II.

Une demi-heure après un wagon emportait madame
Olympe sur la route ferrée qui joint Paris à Saint-Germain. Bien qu'elle ne fût pas encore arrivée sur le
théâtre où elle accourait jouer un rôle pour lequel
nous avons pu la voir se préparer avec tant de soins
mystérieux, à l'exemple de certaines actrices qui, avant le rideau levé, s'efforcent de faire prendre à leur
visage le masque de la passion et du caractère dont

elles doivent être les interprètes, de même madame Olympe, avant d'entrer en scène, essayait les attitudes, les jeux de regards, les cadences de phrases, les intonations de voix, qu'elle comptait mettre en usage; et précisément le hasard lui avait donné pour compagnon un personnage qu'elle jugea, du premier coup d'œil, capable de lui donner la réplique dans la répétition générale qu'elle voulait faire en se rendant au théâtre, c'est-à-dire au château de madame Delarue. Cet inconnu, qui, de son côté, avait tout d'abord remarqué madame Olympe, et s'était galamment reculé pour lui céder la place du coin qu'il occupait dans le wagon, avait, de la botte au chapeau, les allures d'un jeune premier du répertoire Scribe : le teint rosé, les cheveaux bouclés et luisants, le regard vaguement bête, qui assimile certains hommes à certains animaux de la classe ruminante; cravaté avec luxe, ganté avec art, habillé d'après les prescriptions du dernier bulletin de la mode, dont il était un des rois ou un des esclaves. Ce personnage odoriférant réalisait à merveille le type d'élégance et de belles manières rêvé par les petites bourgeoises de Paris et les dames de la province. Dans une sous-préfecture de second ordre, ce monsieur aurait obtenu les succès qu'obtiennent dans un bal de grisettes les commis-voyageurs à cravate de satin rouge et en pantalon de casimir bleu clair. Mais, pour madame Olympe, cet inconnu ne fut que ce qu'il était réellement, un bellâtre insignifiant, mal frotté d'un faux vernis d'aristocratie. Et, après cinq minutes d'entretien avec son compagnon de voyage, la comtesse avait pu, comme on dit, en prendre la mesure, et une femme moins habile qu'elle, qui eût fait dans sa vie trois tours dans un salon de gens véritablement distingués, aurait pu aussi facilement juger ce monsieur pour ce qu'il était : — un volume de lieux communs, de fatuités et d'outrecuidance, — relié dans un habit de Dusautoy ou de Barde.

Cependant, pour si nul qu'il fût, cet inconnu n'en était pas moins un jeune homme, et, sous ce rapport, pouvait servir de double au personnage avec qui madame Olympe devait se rencontrer dans la maison de son amie ; et tout le long de la route la comtesse put se convaincre, grâce au chapelet de madrigaux et de fadeurs tendres que lui débita son compagnon, audacieusement agréé, qu'elle avait encore conservé ce que les anciens appelaient le don de plaire, et qu'il ne manquait pas un point sur tous les *i* de sa beauté, dont nous savons le secret. Aussi madame Olympe vit-elle arriver sans crainte le moment où elle allait quitter la coulisse pour entrer en scène.

Une heure après son départ de Paris, on annonçait madame Olympe dans le salon de madame Delarue, qui, ce jour-là, donnait une fête à l'occasion de l'anniversaire de la naissance de sa fille. En entrant dans le salon, la comtesse, avant même d'aller saluer la maîtresse de la maison, jeta un rapide coup d'œil sur la compagnie, déjà assez nombreuse et disposée en groupes divers. Madame Delarue, à qui ce regard n'avait pas échappé, réprima un sourire, et, quittant le cercle d'hommes qui l'entourait, se leva pour aller au-devant de son amie. Après un échange de câlineries d'une sincérité douteuse pour l'observateur, les deux femmes s'en allèrent causer à voix basse dans l'embrasure d'une croisée. Au même instant, deux jeunes gens se détachaient d'un groupe composé d'hommes plus ou moins connus dans les arts et dans les lettres, et se dirigèrent dans un angle isolé du salon, où leur conversation ne pouvait pas être entendue.

« Avez-vous de la mémoire, mon cher Armand? dit l'un des jeunes gens.

— Pourquoi cette question, mon cher Eugène?

— C'est que je voudrais vous rappeler certaine conversation d'art et d'amour comparés, qui eut lieu il y a huit jours chez madame Delarue, entre cette dame, vous, la comtesse Olympe et moi.

— Je me rappelle cela parfaitement, répondit Armand; cette conversation eut lieu le premier soir où vous m'avez présenté chez madame Delarue; j'ai même craint d'avoir risqué ce soir-là, bien que nous fussions alors en petit comité, des opinions qu'on peut émettre en toute liberté dans un atelier ou dans un bureau de petit journal, mais qu'il est peut-être inconvenant de dire dans un salon, et surtout en présence de deux femmes; mais, je vous ai averti, j'ignore complétement le *langage des cours*. Je ne sais pas marcher sur un tapis ni sur un parquet ciré; je suis malade pendant trois jours quand je suis resté deux heures dans la garrotte d'une cravate blanche raide d'*empois*, et il me paraît impossible de rester, comme vous le faites, sept fois par semaine, prisonnier au carcan des usages; cependant, avec le temps et l'habitude, je m'y ferai, je deviendrai peut-être comme un autre un membre remarquable de la *gentry* parisienne. Mais j'ai probablement bien des écoles à subir, bien des chuchottements à entendre s'élever autour des attentats que je commettrai par ignorance et quelquefois peut-être avec préméditation ; car il est des circonstances où, malgré tous les efforts de ma volonté, le naturel rompt chez moi les brides de la retenue. J'oublie le lieu où je me trouve, je ne fais aucune différence du salon avec l'estaminet, et, quand on invoque mon opinion sur un cas qui m'intéresse, je m'exprime comme je sens, j'évite les subtils détours de la circonlocution, et j'arrive à la vérité par le plus court chemin, sans qu'il me soit possible de mettre une sourdine à mes expressions. Aussi, mon cher ami, j'accepte d'avance, comme mérités, les reproches que vous vouliez sans doute m'adresser en me rappelant cette conversation de l'autre jour, et dans laquelle j'ai dû, en effet, passer pour un lourdaud, un brutal excentrique, indigne de l'attention de deux femmes habituées par leur position à entendre un langage ouvragé ou doucement puritain, que j'ignore à l'égal du malais ou du syriaque. Et maintenant, pour ma gouverne, rappelez-moi franchement quels sont les propos malsonnants pour lesquels on m'incrimine.

— Là ! là ! mon cher Armand, répondit Eugène, ne

vous effrayez pas, je n'ai aucune semonce à vous faire, vous n'avez aucunement mérité le blâme de personne, et encore moins de ces dames, qui vous trouvent de très bon goût. De même que certains gourmets qui ne jugent pas une liqueur sur l'étiquette ou le bouchon, il est des femmes distinguées qui ne jugent pas les hommes sur un nœud de cravate ou un brodequin verni, et madame Delarue est de ce nombre. Elle est habituée au langage maniéré de quelques Clitandres que des relations lui imposent de recevoir chez elle, mais elle les entend plutôt qu'elle ne les écoute, et, une fois dans son salon, elle ne leur adresse la parole que pour leur offrir du thé ou leur demander des nouvelles de leur mère ou de leur sœur. Vous avez été distingué par madame Delarue, et admis du premier coup à sa causerie particulière, et c'est là où j'en voulais venir pour vous apprendre que vous avez eu beaucoup de succès; et, si vous voulez en acquérir la preuve, regardez, je vous prie, là-bas, dans l'angle de la croisée, cette dame qui vient d'entrer tout à l'heure : la reconnaissez-vous? »

Le plus discrètement qu'il put, Armand, qui avait

la vue basse, braqua son lorgnon vers l'endroit indiqué par son ami.

« Eh! mon cher, dit celui-ci, prenez donc garde. Il est dit, article premier du code des belles manières : on ne lorgne pas les femmes dans un salon. Cette dame, qui cause avec la maîtresse de la maison, est madame la comtesse Olympe. Ne la reconnaissez-vous pas? regardez bien.

— Je crois me rappeler cette dame, en effet, fit Armand. N'est-ce pas l'amie intime de madame Delarue?

— Oh! amie, reprit Eugène... il y aurait beaucoup à dire là-dessus. Mais, dites-moi, mon cher Armand, ne remarquez-vous rien de particulier dans le costume de madame la comtesse Olympe?

— Vraiment non, dit Armand en regardant encore du côté de la comtesse.

— Vous ne trouvez pas que sa riche toilette tranche un peu avec la mise simplement élégante des autres femmes, qui chuchottent entre elles et trouvent bien un peu extraordinaires les resplendissants atours de ce costume d'apparat au milieu d'une réunion que la comtesse savait devoir être toute sans façon. Savez-vous que cela va droit à l'encontre des usages reçus, et que vous êtes, vous, mon cher, qui paraissez l'ignorer, la cause et le prétexte de cette excentricité de toilette qui a lieu de surprendre chez une femme citée parmi celles qui sont le plus savantes en matière d'étiquette?

— Ah çà! dit Armand très étonné, que voulez-vous dire, et quel est cet hiéroglyphe que vous me donnez à déchiffrer?

— Rappelez-vous un peu la conversation que vous avez eue, il y a huit jours, avec madame Olympe, madame Delarue et moi, et le mystère s'éclaircira.

— Mais, fit Armand, cette conversation a été très capricieuse, et on y a parlé de trop de choses, Eugène, pour que je puisse me rappeler d'aucune en particulier.

— Vraiment, vous ne vous rappelez point? fit Eugène avec un signe de doute.

— Aucunement, reprit Armand..... Mais où voulez-vous en venir, au fait, et qu'est-ce que cette conversation peut avoir de commun avec le costume de cette dame que vous semblez vouloir blâmer?

— Écoutez donc, je me souviens pour vous, moi, et je vais vous citer quelques fragments de votre conversation ; après quoi vous regarderez encore la comtesse ; et si vous ne comprenez pas, — c'est que vous y mettrez certainement de la mauvaise volonté. — Il y a huit jours, vous parliez de la beauté et des auxiliaires que les femmes emploient pour donner du relief à la leur. Vous disiez que la beauté était souvent une affaire de costume, et que la science du costume était un art qui devait être réglé d'après certains principes absolus dont la réunion constituerait une espèce d'évangile de l'élégance, qui devait être sérieusement et constamment étudié par toutes les femmes. Vous ajoutiez qu'il existait certaines femmes dont le genre de beauté réclamait un costume particulier, de même que certains tableaux exigent une distribution de lumière spéciale qui accuse leurs qualités et dissimule leurs défauts. Parmi les nombreux exemples cités à l'appui des idées que vous avez émises, je vous en rappellerai un seul. Vous disiez que, tout en restant dans les limites de la mode moderne, souvent heureuse, quelquefois absurde, une femme brune, dont les traits se rapprochent de cette régularité un peu froide qui est le caractère particulier de la statuaire antique, de taille moyenne, et de proportion plutôt svelte qu'opulente, devait adopter la robe de velours.

— C'est aussi mon avis, dit Armand : au point de vue de l'art, le velours est par excellence le tissu noble et royal ; les plis du velours ont une ample et solide harmonie, dont l'aspect sculptural est à la fois élégant et sévère.

— C'est bien là, en effet, ce que vous avez dit, reprit Eugène.

— Eh bien ! où voulez-vous en venir, encore une fois ? Prétendez-vous me railler parce que je me suis laissé aller à causer chiffons avec des dames ?

— Je ne raille aucunement, dit Eugène ; je vous ai rappelé ce détail pour montrer qu'on en a tenu compte. Regardez madame Olympe. Ne remarquez-vous pas qu'elle a pris vos paroles pour un programme, et que, se plaçant dans les conditions de beauté dont vous vous occupiez, elle a, des pieds à la tête, dans tous les détails de son costume, suivi les indications que vous aviez données, et qu'elle n'a pas craint de venir assister à un dîner de famille dans un costume de grand apparat ?

— Vous voulez dire alors que cette dame m'a pris pour un journal de modes? fit Armand.

— Je ne veux rien vous dire, mon cher ami, sinon que depuis huit jours madame Olympe s'occupe beaucoup de vous, qu'elle en parle davantage, qu'elle a été dix fois sur le point de vous envoyer son album pour y mettre des vers, et qu'enfin, — si vous voulez la mettre à profit, — vous aurez avant peu l'occasion de faire une curieuse étude de femme, car madame Olympe est un sujet qui....

— Oh! oh! dit Armand en regardant la comtesse..... je ne m'occupe pas d'ostéologie.

— Voilà un mot terrible, dit Eugène. Il a déjà été dit une fois, du reste; mais madame Olympe s'est cruellement vengée de l'auteur.

— Comment? demanda Armand.

— Vous le saurez peut-être un jour, mon cher; mais chut! voici la comtesse qui approche avec madame Delarue... Mettez votre cuirasse, sinon je ne réponds pas de vous.

— Oh! que vous ne me connaissez guère! dit Armand en jetant un regard sur madame Olympe.

— Ecoutez, dit Eugène. Il existe certaines femmes

auprès desquelles le triomphe est considéré comme une grande victoire, — un Austerlitz de galanterie ; — et il en est d'autres envers qui c'est également triompher que de les éviter ; madame Olympe est du nombre, et jusqu'à présent on n'a point cité un seul vainqueur dans cette partie à qui perd gagne. Je ne vous donne pas un mois avant que vous soyez un des visiteurs les plus assidus à qui elle ouvre son salon, qui n'est, dit-on, que l'antichambre de son boudoir, et une antichambre dans laquelle on n'attend pas longtemps.

— Vous en savez donc quelque chose? demanda Armand en riant.

— Hélas! reprit Eugène, la jeunesse est imprudente et confiante, et j'étais bien jeune quand j'ai été présenté chez madame Olympe, il y a cinq ans. Je vous conterai ça un de ces jours. Silence, voici ces dames. »

En effet, après avoir lentement traversé le salon et s'être arrêtée pour échanger quelques paroles avec les dames de la compagnie, madame Olympe, au bras de son amie, s'avança près des deux jeunes gens; mais avant de prononcer une seule parole, elle lança à Eugène un de ces regards pleins d'autorité et dont l'expression menaçante n'échappa point à Armand. Après cinq minutes d'une causerie banale, madame Delarue annonça qu'avant le dîner, qui ne devait avoir lieu que dans deux heures, on irait faire une promenade dans le parc. La société, composée d'une vingtaine de personnes, adopta la proposition à l'unanimité, et se dispersa par groupes et par couples dans un très beau jardin, au milieu duquel s'élevait la propriété de madame Delarue.

III

Avant de faire connaître au lecteur le résultat de la seconde entrevue de la comtesse avec Armand, nous croyons utile d'ébaucher plus complétement le portrait physique de madame Olympe en même temps que nous essayerons d'accuser plus vigoureusement les faces originales de son caractère. Et d'abord signalons ce fait entre parenthèses : madame Olympe était, depuis longtemps déjà, sur le bord d'un âge qui est, pour certaines femmes, une limite suprême qu'elles ne se décident à franchir que lorsqu'il le faut absolument et qu'elles ont épuisé vingt recours en grâce. Et, de fait, on comprend l'énorme courage qu'il faut pour hasarder ce pas, sur lequel on ne peut plus revenir, et qui vous confine à jamais dans les étroits horizons d'une existence qui, pour les femmes habituées à la bruyante vie parisienne, est une tombe anticipée. Aussi, pour si peu indulgent qu'il soit, le monde tolère à quelques femmes les retardements sans nombre qu'elles apportent à accomplir cet acte, qui est toute une abdication. Ce serait une curieuse étude à faire que celle de suivre, dans sa retraite toujours militante, une de ces femmes courageusement obstinées à rester sur la scène du monde et de la passion, lorsque l'heure est venue de rentrer dans la coulisse, et qu'elles ont déjà reçu certains avertissements ironiques ou subi tels échecs qui leur font comprendre qu'on aperçoit leurs rides sans lorgnettes.

A l'aide d'une grande habileté, doublée d'une forte volonté, quelques femmes savent épargner un échec à leur amour-propre. Avant de renoncer à toutes les joies, à tous les plaisirs légitimes ou extra-légaux,

aux enivrements des fêtes, aux luttes hypocritement courtoises ou franchement hostiles qui se livrent dans les salons, ces arènes où tant de passions fauves se déchirent au soleil des lustres; en approchant enfin de cette limite fatale où elles devront se résigner à vêtir la douillette soie puce des douairières et à quitter l'éventail pour la tabatière, elles préparent de longue main le dernier chapitre de leur roman. Pour la dernière fois elles entrent en campagne, escortées d'une armée de ruses; elles appellent à leur aide le génie stratégique de la galanterie. Unissant les artifices traditionnels à ceux qu'elles inventent, elles retrouvent pour huit jours l'énergique et provoquante éloquence de leur beauté passée. Et pour cette fois, dédaignant la première loi de l'intrigue, qui est le mystère, elles appellent à force d'indiscrétions l'attention sur elles; et c'est au plein soleil de la publicité qu'elles closent la série de leurs triomphes par une dernière victoire saluée d'une de ces scandaleuses ovations que les femmes préfèrent souvent à de certaines satisfactions d'amour-propre qui resteraient ignorées. Après quoi elles se retirent. Les unes s'occupent à rédiger leurs mémoires, si elles portent un nom historique; les autres se font dévotes et agenouillent leur passé contrit devant la grille d'un confessionnal; celles-ci prennent leurs invalides dans les salons parisiens, et, vieux grognards de la galanterie, se laissent volontiers aller à raconter leurs campagnes à la jeune génération dont elles avaient vu les pères à leurs pieds. D'autres deviennent les tyrans de leur famille et sont les esclaves d'un griffon, d'un king-charles ou de telles autres bêtes à griffes et à dents. Il en est aussi qui restent d'excellentes femmes, dont le cœur est toujours jeune et dont l'esprit est devenu plus vif. Leur expérience est pleine d'enseignements utiles, et conserve aux fautes et aux erreurs des autres l'indulgence qu'on eut jadis pour leurs erreurs et pour leurs fautes. Et maintenant revenons à madame Olympe.

A l'époque du congrès de Vienne, la comtesse, alors nouvellement mariée à un comte hongrois, était citée comme une des plus charmantes femmes qui parurent aux fêtes de la Sainte-Alliance. Elle eut l'honneur d'être remarquée par les deux hommes les plus éminents qui figurassent au congrès. M. de Talleyrand, qui connaissait les antécédents de la comtesse avant son mariage, lui adressa deux ou trois épigrammes dont l'épine se cachait sous un bouquet de galanteries, et M. le prince de Ligne lui fit souvent des compliments qui ressemblaient à des madrigaux de Dorat, germanisés. S'il fut jamais mariage moralement disproportionné, c'était celui du comte et de la comtesse ; et il ne fallait pas grande malice et grand talent prophétique pour prédire les résultats que produirait l'union de ces deux antithèses. Du premier coup, madame Olympe avait jugé son mari, qui était plus âgé qu'elle, et dont le cœur avait depuis longtemps déjà dit son dernier mot. Le comte était au reste un excellent homme, aimant peu les agitations du monde, préférant les horizons restreints et le silence d'un cabinet d'étude, où il se livrait à des travaux scientifiques et historiques. Avec un sens très clairvoyant, il n'avait pas tardé, de son côté, à comprendre que sa tranquillité serait à jamais perdue s'il voulait entrer en lutte avec sa femme : aussi fit-il d'avance bon marché des propos qu'on pourrait tenir à son sujet ; il résolut d'adopter un système d'ignorance absolue en ce qui touchait la comtesse, et se promit d'en user avec elle avec une placidité extrême. Et de fait, pendant les deux premières années de leur union, il ne s'écarta pas de cette ligne de conduite, et vécut presque constamment au milieu des poudreuses annales du Saint-Empire, dont il voulait se faire le nouvel historien. Ce n'était pas un homme, c'était un bénédictin.

Madame Olympe avait été élevée par une des femmes de sa mère, dame de petite noblesse, qui avait vécu quelque temps à la cour de Marie-Antoinette, et avait la mémoire meublée des souvenirs de cette époque encore galante. Madame Olympe avait en outre reçu de cette gouvernante une éducation qui avait singulièrement modifié le caractère naïf et rêveur que tous les poëtes d'outre-Rhin donnent aux héroïnes de leurs légendes ; et, toute jeune fille, la comtesse n'avait rien de commun avec les figures sentimentales, types de mélancolie, dont les grands regards azurés errent alternativement du ciel à l'onde, qui passent les nuits à compter les étoiles et les jours à cueillir des myosotis. Madame Olympe n'était Allemande que de naissance, et l'ardeur d'un sang vénitien, qu'elle tenait de sa mère, l'attirait vers une pensée plus substantielle. Elle préférait les clameurs de l'orchestre aux chansons de la brise dans les arbres, les diamants aux fleurs, les magiques illuminations des fêtes aux doux rayons de la lune. Enfin, à l'époque où elle se maria, madame Olympe n'était pas plus blonde au moral qu'au physique. Elle avait épousé le premier homme qui l'avait recherchée, pour trouver dans le mariage une indépendance après laquelle elle aspirait depuis longtemps. Cependant, durant la première année, elle usa avec une certaine discrétion de la liberté que lui laissait son mari; mais il arriva un jour que, s'étant rencontrée en rivalité avec une femme qui jouissait d'une grande influence à la cour impériale, madame Olympe fut forcée, pour amortir le bruit d'un scandale dont on la menaçait, de quitter Vienne; seulement, ceux qui la condamnaient à cet exil voulurent bien consentir à donner à cette disgrâce intime le caractère officiel d'une faveur, et, pour motiver le départ de madame Olympe, on confia à son mari une mission quelconque à l'étranger. — La comtesse avait d'avance eu soin de désigner le pays. — M. le comte ne s'enquit aucunement des causes qui avaient déterminé son gouvernement à lui accorder cette faveur, qu'il n'avait pas sollicitée. Il ne demanda même point combien de temps son absence se prolongerait, et, après avoir été prendre les ordres du ministre, il emballa soigneusement ses livres, qui tenaient à peine dans trois fourgons, et partit pour la France avec sa femme.

Ils arrivèrent à Paris à l'époque où les troupes alliées quittaient définitivement le royaume. La mission du comte n'avait aucun caractère diplomatique, et ne l'obligeait à aucune représentation officielle. Cependant il se fit présenter à la cour de France par son ambassadeur, et la comtesse fut présentée avec lui. Particulièrement accueillie par madame la Dauphine, qui avait connu sa mère pendant l'émigration, madame Olympe fut invitée aux fêtes des Tuileries et introduite dans tous les nobles salons du faubourg Saint-Germain. Quant au comte, il continuait à Paris la même existence qu'il avait menée à Vienne, et laissait à sa femme le soin de maintenir sa maison sur un pied honorable. La seule ambition de ce galant homme était d'être nommé membre correspondant de l'Académie des inscriptions et belles-lettres, et cette faveur lui fut accordée quelque temps avant l'avénement de Charles X, lors de la publication qu'il fit d'un grand travail historique. Déjà, plusieurs fois, madame Olympe avait appris qu'on n'était pas éloigné, à la cour de Vienne, de rappeler son mari en Autriche, mais la comtesse était loin de désirer ce retour. Les mœurs puritaines de cette partie aristocratique de la société viennoise, qu'on appelle la *crème*, lui répugnaient, surtout après avoir vécu en France, au sein d'une société qu'elle reconnaissait pour être son véritable milieu, et à laquelle elle se trouvait d'ailleurs attachée par des motifs qui se révélaient assez indiscrètement dans les salons où elle était assidue. Le comte resta donc à Paris, où, de son côté, il avait, sans pourtant renoncer à sa vie sédentaire, contracté quelques relations avec des personnages attachés à la politique ou à la science.

Au temps où se manifesta en France la révolution littéraire qui donna naissance à l'école dite *romantique*, madame Olympe était déjà une des femmes les plus connues de l'aristocratie parisienne; elle était alors dans toute la splendeur de sa beauté, et rivalisait avec les grandes dames qui tenaient le sceptre de l'élégance et de l'esprit. A cette époque, un héritage assez considérable que lui laissa un de ses parents permit à la comtesse d'augmenter sa maison et d'avoir des jours fixes de réception. Son salon fut donc ouvert une fois par semaine, et devint le rendez-vous d'une compagnie choisie. Les poëtes et les artistes, tous les hommes qui formèrent le noyau de la rénovation artistique et littéraire, se rencontraient dans le salon de madame Olympe, qui eut même quelquefois l'imprudence de les laisser se rencontrer dans son boudoir. Les premières Méditations de Lamartine et les premières Odes d'Hugo furent lues et applaudies dans les réunions qui avaient lieu chez la comtesse, qui songeait moins que jamais à retourner en Allemagne. Cependant, quelque temps avant la chute de Charles X, une aventure, ébruitée par vengeance, força madame Olympe à quitter Paris. Cette fois, son mari ne l'accompagna point, et la comtesse partit toute seule pour Venise, où elle fut rejointe par le marquis de Marènes, qui était l'objet de cet éclat. Ils voyagèrent pendant une année, et s'apprêtaient à revenir en France, où le scandale qu'ils avaient causé devait être oublié. Mais, pendant un séjour à Rome, madame Olympe, dont le cœur était cosmopolite, abandonna le marquis pour un prince russe, avec qui elle alla passer l'hiver en Sicile. Rentrée à Paris vers le commencement de 1831, madame Olympe trouva son mari penché sur ses in-quarto, et il ne parut pas plus surpris de son retour qu'il ne l'avait été de son départ; il la reçut absolument comme si elle venait de faire une course au Palais-Royal. Tout était bien changé alors en France. La plus grande partie de la société aristocratique s'associait au malheur de la dynastie déchue, en abandonnant ses somptueux hôtels pour aller vivre dans ses terres, et les personnes qui n'avaient point quitté la capitale demeuraient systématiquement cloîtrées dans une étroite intimité. Madame Olympe chercha donc de nouvelles relations. Elle passa bravement les ponts, et alla demander à la nouvelle aristocratie, qui se ralliait au nouveau régime, les fêtes et les plaisirs auxquels on renonçait dans le noble et fidèle faubourg. La transfuge de la rue de Varennes fut bien accueillie dans la Chaussée-d'Antin, et ne tarda point à être entourée d'une pépinière d'adorateurs, toujours courbés sous le vent de ses caprices. En 1831, à l'époque du choléra, la comtesse quitta encore une fois Paris en compagnie d'un journaliste républicain qui, peu de temps après, devait se faire tuer sous les murs de Saint-Méry. Le démocrate fut remplacé par un auteur dont une pièce alors en vogue faisait courir tout Paris. — Au dramaturge succéda un poëte de cette école poitrinaire qui commençait à cracher le sang le long de la littérature. Celui-là avait le lyrisme féroce ; il appelait madame Olympe un ange dans ses vers ; mais, dans la prose de sa vie intime, il lui cassa un jour une aile. Il faut, en général, se méfier de ces natures phthisiques : la jalousie leur donne des nerfs d'acier. Cependant, pareille à don Juan, madame Olympe augmentait chaque jour sa liste, et voyait avec terreur arriver le moment où il lui faudrait renoncer à trouver cet idéal qu'on cherche toujours et qu'on ne rencontre jamais. Il est des femmes pour qui l'amour est d'abord une passion, puis une occupation ; pour madame Olympe, l'amour était devenu un art, et elle y apportait cette ardeur passionnée et patiente qui distingue les natures volontaires et les tempéraments exceptionnels. Comme un savant qui, avant d'aborder le résumé de quelque grave question de science ou de morale, réunit et prépare, pendant de longues années, tous les travaux qui ont précédé celui qu'il médite, de même la comtesse semblait avoir pour but quelque grand ouvrage dans lequel elle aurait traité *ex professo*, dans toutes ses causes et dans tous ses effets, cette grande et mystérieuse passion. Telle fut du moins l'explication que donnait un jour un des intimes de la comtesse. « Tous les hommes qu'elle a connus, ajoutait-il, ont été pour elle ce que sont, pour certains spécialistes, les brochures et les livres écrits sur la question qu'ils veulent traiter. Madame Olympe n'aime pas un homme, elle le lit. Ma liaison avec elle s'est prolongée dix mois, ce qui me donne la fatuité de croire que j'avais pour elle l'importance d'un ouvrage considérable. — Ses amants pourraient se classer par formats : elle en a eu in-quarto, in-octavo, in-douze et in-dix-huit ; il en est même qu'elle ne considérait que comme des brochures, et qu'elle lisait en une heure, le soir, au coin du feu. Son cœur a fait le tour du monde ; elle a aimé, — ou étudié, parmi toutes les races ; c'est une artiste de conscience ; elle veut trouver le dernier mot, l'x du problème ; et elle a passé la plus grande partie de sa vie à réunir les éléments nécessaires à l'exécution de ce grand œuvre. Il faut croire qu'elle aura bientôt terminé cette étude, qui, avec le temps, devient de plus en plus difficile, puisqu'elle ne s'en rapporte qu'à sa propre expérience. — On la dit maintenant engagée dans les régions bleues du platonisme.

— Oh ! oh ! dit quelqu'un en écoutant cette boutade, madame Olympe en serait-elle réduite à cette nécessité ?

— Eh ! répondit-on, c'est le dernier côté de la question qui lui reste à analyser. »

Tels étaient les propos qui se tenaient sur le compte de madame Olympe, quelque temps avant l'époque où commence cette véridique histoire. Impitoyable comme un registre d'état civil, nous avons révélé l'âge véritable de la comtesse, et fait connaître également à l'aide de quels moyens elle s'efforçait de le démentir ; mais, comme au résumé une femme n'a réellement que l'âge qu'elle paraît avoir, nous avouerons qu'aux *lumières* elle paraissait être la sœur — aînée — d'une femme qui n'aurait eu que trente ans. Du reste, une de ses prétentions était de réaliser le type rêvé par M. de Balzac quand il écrivit *le Lys dans la vallée*. Madame Olympe voulait absolument se reconnaître dans la divine figure de madame de Morsauf.

Comme portrait moral, nous ajouterons encore que le caractère de la comtesse était un écrin de mauvais sentiments, depuis les plus orgueilleux jusqu'aux plus vils. Un physionomiste aurait pu en faire l'énumération, rien qu'en voyant son front déprimé, ses yeux profonds qui jetaient des flammes sombres, et sa bouche cruelle, toujours armée d'un sourire hypocrite ou railleur. Au reste, tout indiquait en elle une femme habituée à vivre dans les souterrains de l'intrigue et à y marcher habilement sans avoir besoin d'aucun fil pour s'y retrouver. Antipathique à la première vue à tout ce qui était jeune, bon et beau, madame Olympe n'avait aucune amie véritable parmi toutes les femmes qu'elle fréquentait, car elle avait été la rivale de toutes. — On citait son esprit, nous l'avons dit déjà : c'était une réputation usurpée. — L'esprit suppose de la finesse dans la pensée et dans l'expression ; nous avons eu l'honneur de converser avec madame Olympe, nous pouvons affirmer qu'elle manquait absolument de ces deux qualités. La comtesse était méchante; elle avait beaucoup de mémoire, et savait, à propos ou sans propos, ressusciter les médisances oubliées, ou marcher subtilement sur le pied d'une calomnie, pour la faire se dresser, siffler et cracher son venin sur celui ou celle à qui elle voulait nuire. La médisance ou la calomnie d'une vieille femme, oh ! voilà deux armes terribles et dont les blessures sont incurables, comme celles qui proviennent d'une lame rouillée. — Le seul esprit de madame Olympe consistait à avoir su se préserver du ridicule jusqu'à l'époque où nous l'avons fait entrer en scène : elle était restée droite dans sa hautaine prétention, bravant le mépris ici, la haine là, l'insulte ailleurs; mais jamais le ridicule ne l'avait atteinte. Ceux qui l'avaient prise pour cible de leur ironie ou de leur haine avaient visé trop haut ou trop bas, et la comtesse, toujours en garde, avait su habilement faire dévier le trait, qui allait souvent blesser ceux qui l'avaient lancé.

Notre ami Armand devait être plus adroit.

IV

Après une promenade d'une heure dans le parc très étendu, qui était d'un côté baigné par les eaux de la Seine, quelques-unes des dames manifestèrent le désir de faire une course nautique ; elles étaient surtout curieuses d'aller visiter les constructions que M. Alexandre Dumas faisait alors élever dans une île qu'il a baptisée du nom de *Monte-Christo*. Madame Delarue était enchantée d'avoir l'occasion d'être agréable à ses invités, seulement elle était un peu embarrassée pour satisfaire cette fantaisie imprévue, car elle ne possédait qu'un petit batelet pouvant à peine contenir six personnes, et le nombre des voyageurs était de plus du double.

« Eh ! mon Dieu, Madame, dit Eugène, c'est l'obstacle le plus simple du monde à lever. Je sais en face de chez vous, de l'autre côté de la rivière, un pêcheur qui loue des barques pour les promenades ; deux ou trois de ces messieurs et moi, nous allons monter votre petite pirogue, et nous irons chercher une escadre que nous vous ramènerons ; — dans une demi-heure nous serons prêts à mettre à la voile.

— Allez donc, dit madame Delarue. — Monsieur Armand, ajouta-t-elle en s'adressant à celui-ci, je vous confie les fonctions de grand-amiral. »

En attendant le retour de la flottille qui devait les transporter, les dames continuèrent leur promenade ; et madame Delarue et la comtesse, s'étant isolées du reste de la compagnie, engagèrent une conversation dont, pour l'intelligence de ce récit, nous trahirons l'intimité.

« Ma chère Olympe, disait madame Delarue, laissez-moi vous donner un conseil.

— Parlez, fit la comtesse en jetant à son amie un regard curieusement interrogateur.

— Eh bien! répondit madame Delarue, soyez moins cruelle avec madame de Marènes; vous avez deviné sa liaison avec M. de Sylvers, et il vous est déjà échappé à ce propos plusieurs indiscrétions qui ont mis la pauvre femme dans des transes mortelles. Bien que je croie ses rapports avec M. de Sylvers très innocents jusqu'à présent, cette passion anodine, si elle était connue de lui, mettrait M. de Marènes dans une de ces aveugles fureurs dont le premier accès pourrait être très dangereux pour sa femme; d'un autre côté, M. de Sylvers, dont vous connaissez le caractère violent, ne manquerait point de chercher la source d'une indiscrétion qui compromettrait la femme qu'il aime; et, ajouta madame Delarue en jetant sur son amie un regard qui semblait vouloir éveiller un souvenir, vous devez savoir ce que rapportent les vengeances de M. de Sylvers,

— Mais, répondit madame Olympe, en vérité, je ne comprends pas ce que vous voulez dire. Je sais que

M. de Sylvers est un assez médiocre personnage, qui pourrait avoir quelque succès dans les rôles de tyrans aux théâtres de mélodrames ; mais ces allures de Croque-Mitaine ne m'épouvantent nullement. Quant à la blanche madame de Marènes, je m'en occupe encore moins, et, si vous ne me l'aviez appris, j'ignorerais encore que cette pure colombe se serait laissé fasciner par le regard vainqueur d'un farouche milan, avec qui elle plane, dites-vous, dans les régions idéales d'un platonisme transcendant.

— Ah! fit madame Delarue, vous faites de la diplomatie avec moi, vous avez tort. La liaison de madame de Marènes et de M. de Sylvers est déjà l'objet de méchants entretiens. M. Miral en parlait encore hier chez moi, et prenait la défense de madame de Marènes avec une charité hypocrite.

— Ah! M. Miral la défendait, dit madame Olympe en se mordant les lèvres...

— Ah! répondit avec vivacité madame Delarue, ne soyez pas jalouse : il la défendait comme on accuse. M. Miral est un avocat qui a l'éloquence dangereuse, et, dans le monde comme au palais, il ne fait pas bon être son client.

— Ah! reprit la comtesse en s'oubliant, M. Miral a eu tort; — je ne l'avais point prié de parler...

— Vous voyez donc bien, dit madame Delarue, vous voyez donc bien, ma chère, que c'est vous qui, sans le vouloir peut-être, — avez ouvert aux curieux regards la porte de cette passion mystérieuse. En vérité, je vous en conjure, faites que cela n'aille pas plus loin. Cette pauvre madame de Marènes est à demi-morte de l'alerte que vous lui avez causée.

— Soit, répondit la comtesse en se démasquant tout à fait; — dites à ce blanc lis qu'il n'a rien à craindre; mais qu'à l'avenir je désirerais moins de hauteur, et surtout moins de puritanisme, dans ses discours. Les solos de vertu veulent être chantés par une voix virginale, et madame de Marènes n'en est plus là, que je pense; ensuite, vous voudrez bien lui faire comprendre qu'il existe entre femmes du monde un certain code de convenances qu'on ne peut, sans mauvais goût, feindre d'ignorer... J'ai plusieurs fois fait à madame de Marènes l'honneur de l'inviter à mes soirées, elle n'a pas daigné y venir : soit... Mais je crois qu'ayant, comme moi, un salon, il eût été de bon goût qu'elle me tînt compte de mes invitations en

m'envoyant, seulement pour la forme, une des siennes.
— Je ne m'y serais certainement pas rendue ; — mais, au moins, je lui aurais tenu compte du procédé...

— Il ne faut pas lui en vouloir, répondit madame Delarue, c'est une charmante femme, en proie à toutes les craintes qu'inspire une première passion... Elle voudrait son amour ignoré et caché au fond d'un désert où elle vivrait seule avec celui qu'elle aime. On lui aura dit que vous aviez autrefois connu M. de Sylvers, et elle aura craint de lui fournir une occasion de plus de vous revoir en vous invitant à aller chez elle.
— C'est une jalousie puérile, mais madame de Marènes est une enfant...

— Oh ! fit la comtesse Olympe, ceci est du dernier bouffon. — Imagine-t-elle que je veuille aller courir après M. de Sylvers jusque dans son boudoir ? — Dites-lui donc bien, ma chère, que je ne reprends jamais ce que j'ai donné. — Mais, dites-moi, il n'est donc pas venu, le beau M. de Sylvers ?

— Il ne viendra pas, répondit madame Delarue ; — on lui a fait comprendre que, dans les circonstances actuelles, il fallait beaucoup de réserve ; il paraît que madame de Marènes a eu beaucoup de peine à le calmer ; on avait rapporté à M. de Sylvers l'indiscrétion dont M. Miral s'était fait l'éditeur, et il voulait aller lui en demander raison.

— Oh! mon Dieu, le pauvre garçon ! — Mais, en vérité, ce M. de Sylvers est un être abominable, il a des mœurs de caserne ; comment peut-on s'amouracher d'un homme qui ne quitte pas les écuries et les salles d'escrime... et qui sent une abominable odeur de tabac, de fumier et de poudre ? »

A cette interrogation, madame Delarue regarda son amie avec un regard qui voulait dire clairement : « Comment ? Vous devez le savoir. » Aussi la comtesse comprit qu'elle venait de commettre une niaiserie, et elle s'efforça de l'atténuer en ajoutant :

« Je comprends jusqu'à un certain point, et de la part de quelques femmes, que des hommes comme M. de Sylvers puissent passagèrement exciter une curiosité quelconque : on aime à savoir comment sonne l'amour sur les cordes de ces grossiers instruments ; mais, chez madame de Marènes, cette créature vaporisée, qui a des parfums, et non du sang, dans les veines, une pareille passion m'étonne. — Quel bizarre duo doivent faire ce tam-tam et cette mandoline ! A propos, ma chère, fit la comtesse en changeant brusquement le thème de la conversation, quel est donc ce jeune homme paradoxal et timidement impertinent que je vois chez vous pour la seconde fois?

— De qui voulez-vous donc parler? » demanda madame Delarue en feignant l'ignorance.

Elle voulait, comme on dit vulgairement, voir *venir* son amie.

« Je parle de ce monsieur qui était si embarrassé, l'autre soir, en entrant dans votre salon. Il ne savait que faire de son chapeau ; c'est au point que j'ai cru un instant qu'il allait le garder sur la tête.

— Ah! M. Armand, dit madame Delarue.

— Il s'appelle Armand? — Quel nom de roman! Comment l'avez-vous connu?

— Il est ami de M. Eugène, c'est lui qui me l'a présenté; c'est un excellent jeune homme, qui n'a encore vu le monde que fort peu. Eugène a eu toutes les peines du monde à l'amener chez moi ; il paraît qu'au milieu de l'escalier il voulait s'en retourner. — Comment le trouvez-vous? »

Madame Olympe baissa les yeux, eut l'air de jouer avec le sable du bout de son pied, et répondit avec une indifférence dont l'affectation ne pouvait échapper à madame Delarue :

« Il m'a paru assez bizarre dans son langage ; au reste, cela se comprend : M. Miral, qui l'a plusieurs fois rencontré chez des artistes de ses amis, m'a assuré qu'il menait une vie assez étrange; c'est une espèce de bohémien littéraire, qui hante fort les estaminets et les bureaux de petits journaux, dans lesquels il signe, m'a-t-on dit, des feuilletons excentriques.

— Eh bien! mais, répondit madame Delarue, pourquoi me demander des renseignements sur son compte? Vous le connaissez aussi bien que moi. On dit qu'il ne manque pas d'esprit.

— Oh! reprit madame Olympe, il m'a semblé qu'il le disait lui-même : car, malgré sa timidité, il a eu bien vite pris de l'assurance. Je me rappelle même qu'il a été un peu loin dans la conversation que nous avons eue l'autre soir avec lui. Je ne sais à propos de quelle aventure il se trouva quelqu'un qui jeta le mot *amour* dans la conversation...

— Mais ce quelqu'un, c'était vous, ma chère, dit madame Delarue à la comtesse.

— Vous croyez? dit celle-ci. En tout cas, j'avais fourni, sans le vouloir, à M. Armand, un thème de causerie qu'il doit avoir étudié : car il s'est emparé de la parole, et s'en est servi tout le temps pour faire, à propos de cette question, une profession de foi qui était au moins pittoresque. On aurait dit qu'il répétait un morceau favori. M. Miral m'a affirmé que M. Armand était une espèce de don Juan qui faisait de grands ravages dans les petits bals, où il est fort assidu...

— Grâce à M. Miral, — un jeune homme bien complaisant, — ajouta madame Delarue avec un sourire qui déplut à son amie, — vous êtes beaucoup mieux instruite que moi sur le compte de M. Armand ; — et, comme il m'a été présenté par une personne en qui j'ai toute confiance, — comme j'ai entendu parler de lui d'une manière très favorable par des gens qui le connaissent et que je connais, je m'inquiète peu de la vie privée de M. Armand, qui, malgré certaines ignorances qu'il perdra avec le temps, me paraît être un jeune homme de très bonne compagnie, plein de franchise, et qui a déjà prouvé qu'il avait droit d'espérer une position estimable dans la littérature.

— Mais, ma chère, dit madame Olympe un peu étonnée de la vivacité de son amie... je vous assure que je ne suis pas plus curieuse que vous à l'endroit de ce jeune homme. Je ne vous aurais point parlé de lui si vous ne m'aviez demandé mes impressions. »

Ah ! pensa madame Delarue en elle-même, ceci est trop fort, et il faut que la comtesse me croie bien niaise pour avoir espéré me faire prendre le change. En vérité, elle est incorrigible ! — Et c'est M. Miral qu'elle envoie aux renseignements... Ah ! le bon jeune homme !

« Mais, dites-moi donc, fit tout haut madame Delarue à la comtesse, quelle idée vous a pris de mettre une robe de velours pour assister à une partie de campagne ?

— J'ignorais que l'on dût sortir », répondit la comtesse embarrassée.

Pauvre prétexte, pensa madame Delarue en étudiant le visage de son amie; et elle ajouta en elle-même : Pense-t-elle donc que j'aie si peu de mémoire ?

« Mais, reprit-elle, savez-vous que vous voilà tout à fait dans les conditions nécessaires pour faire la conquête de M. Armand... En vérité, le hasard qui vous a donné le caprice de cette toilette... vous inspire à merveille. Vous souvenez-vous des théories de l'ami d'Eugène à propos de costume ?

— Oui, dit madame Olympe... Je me souviens vaguement qu'un de ces messieurs avait daigné causer chiffons avec nous...

— Vous n'aviez pas remarqué lequel ? demanda madame Delarue.

— C'était donc lui ? répondit la comtesse en désignant Armand, qui venait à elle dans un batelet.

— Oui, c'était lui... »

« En mer ! en mer ! » crièrent les jeunes gens, qui, faisant force de rames, furent en cinq minutes au bord du parc.

Toutes les dames se rassemblèrent au cri d'appel ; et, après avoir pris place dans les trois batelets dont se composait la flotte, on mit le cap sur l'île de Monte-Christo, qu'on devait aller visiter.

« Mais, dit Eugène, qui se trouvait dans la même barque que madame Delarue, M. Miral est à côté de madame de Marènes.

— Et madame Olympe est dans le batelet commandé par votre ami Armand. »

V

Quelques jours après la partie de campagne de Saint-Germain, Armand rentrait chez lui le soir et allait s'habiller pour se rendre chez madame Delarue, dont c'était le jour de réception. Comme il achevait sa toilette, son portier lui monta un petit paquet cacheté, accompagné d'une lettre contenue dans une élégante enveloppe. Armand ne reconnut pas l'écriture, dont la finesse indiquait d'ailleurs la main d'une femme. Il rompit d'abord le cachet blasonné qui fermait le paquet, et trouva un volume à couverture rose pâle, sur laquelle brillait un titre qui le fit sauter comme s'il venait d'apercevoir une araignée.

Ce volume à couverture rose était un livre de vers, intitulé : CRIS DE L'AME.

« Grand Dieu ! fit Armand, qui peut me jouer ce méchant tour, de m'envoyer ces *machines-là* ? »

Cependant, pensant que la lettre qui accompagnait cet envoi devait contenir une explication, il se hâta d'en prendre lecture. Ce billet, sur vélin glacé, était écrit à l'encre bleue, et ainsi conçu :

« Monsieur,

« Madame Delarue éprouve un grand chagrin : son père est gravement malade ; elle me charge de vous le dire, en vous prévenant qu'elle ne recevra pas ce soir.

« Je vous envoie ci-joint le volume de poésie de madame ***, dont nous avons parlé l'autre jour. Je voudrais bien, Monsieur, que vous pensiez au plaisir que j'aurais à lire le roman que vous publiez actuellement ; les vers ravissants que vous avez dits mercredi dernier chez madame Delarue ajoutent encore à ma curiosité et à mon intérêt. Je voudrais bien relire ces vers, mais je n'ose vraiment pas vous demander tant de choses.

« Recevez mes salutations,

« Comtesse OLYMPE,

« Rue Cassette, 20. »

« Qu'est-ce que veut dire tout ça? se demanda Armand en relisant encore une fois le billet de la comtesse. Que veut-elle que je fasse des *Cris de l'âme de madame*** ? C'est un malentendu énorme. — Pour ce qui est de mes vers, pensa-t-il, j'avoue que j'ai eu tort de les dire l'autre soir, et je ne donnerai certainement pas un tome second à cette niaiserie en les recopiant pour madame Olympe. — Un instant, que diable! je ne suis pas M. Hugo, pour qu'on coure autant que cela après mes autographes ; je ne donne pas là-dedans, moi.

« Quant à mon roman, si cette dame meurt réellement d'envie de le lire, elle peut s'empêcher de mourir en le faisant prendre dans un cabinet de lecture. »

Cependant, et malgré tout, Armand pensa que les convenances exigeaient qu'il fît une réponse à madame Olympe.

Il prit une feuille de papier et écrivit :

« Madame,

« J'ai reçu le charmant volume que vous m'avez fait l'honneur de m'envoyer; mais je dois vous avouer qu'au premier abord je ne me rappelais pas vous avoir demandé ce livre, dont j'ignorais même la publication. J'ai pensé ensuite que l'auteur était de votre connaissance, et que vous me l'aviez adressé pour que j'en puisse faire dire quelques mots dans quelque endroit littéraire Si c'était là votre désir, je serais heureux, Madame, de pouvoir vous être agréable, et je donnerai ce recueil à quelqu'un de mes amis, dont l'opinion dispose de quelque publicité. J'ai aussi à vous remercier, Madame, de l'obligeant souvenir que vous avez bien voulu accorder à une chose de si peu d'importance que celle dont vous me parlez dans votre lettre. Sitôt que mon roman sera achevé, je prendrai la liberté de vous en faire hommage.

« Recevez, Madame, mes salutations très respectueuses. »

« Voilà une lettre qui est bête comme un chou », dit Armand en fermant son épître, qu'il fit porter immédiatement par un commissionnaire.

« Puisque je ne vais pas *dans le monde* ce soir, qu'est-ce que je pourrais bien faire? » se demanda-t-il ensuite en se grattant le front.

Deux petits coups frappés à sa porte le vinrent tirer de sa réflexion : il alla ouvrir.

« Tiens, voilà Rose! Ah! parbleu, se dit-il à lui-même, je sais bien ce que je vais faire maintenant!

— Oui, dit Rose, c'est moi. Je me suis rappelé que vous alliez voir les belles dames ce soir, et je viens vous mettre votre cravate, qui a toujours l'air d'une corde. Si vous me rapportiez quelque chose, seulement, pour la peine que je vous fais très beau. Mais, baste!... moi qui aime tant les glaces!

— Rose, dit Armand... il est absolument impossible d'apporter des glaces dans les poches d'un habit; ensuite je vous ferai observer que cela serait très inconvenant. D'ailleurs, je ne sors pas ce soir, et, au lieu de mettre ma cravate, je vous prierai de vouloir bien me l'ôter. Bien. Maintenant serrez-la soigneusement dans le tiroir, avec mes gants blancs.

— Oh! les beaux gants! dit la jeune fille; c'est malheureux que c'est si *salissant*.

— C'est très malheureux, en effet, dit Armand, d'autant plus que c'est très cher : il y a là l'argent de dix cigares. Mais que voulez-vous, mon enfant? c'est l'usage : on ne va pas plus dans le monde sans gants blancs qu'on ne va à la guerre sans fusil.

— Est-ce que c'est très amusant le monde ? demanda mademoiselle Rose, qui voulait s'instruire ; y joue-t-on à la main chaude ?

— Fort peu, dit Armand ; on joue à la bouillotte quand on a de l'argent.

— Mais s'amuse-t-on ? J'ai lu dans les livres que *la richesse était la mère de l'ennui.*

— Ceci, répondit Armand, est une opinion moitié fil et moitié coton, comme vous dites dans vos ateliers : c'est-à-dire qu'il y a du vrai et du faux. Dans quel roman avez-vous vu cela, Rose ?

— Dans tous, répondit celle-ci.

— Hélas ! pensa Armand, cette enfant naïve et illettrée vient de faire, sans s'en douter, la critique de la littérature.

— Tiens, s'écria la jeune fille, qui, en furetant partout, venait d'apercevoir le volume de vers qu'Armand venait de recevoir... voilà de la *poésie* : ça doit être fièrement intéressant. J'aime beaucoup la poésie, moi.

— Sainte candeur, murmura Armand pendant que sa maîtresse parcourait le volume.

— Tiens, fit-elle tout à coup en jetant les yeux sur une pièce de vers intitulée *Déception*, et qui était précédée d'une dédicace à Madame la comtesse Olympe ; tiens, je la connais, cette dame-là : c'est une des pratiques de notre atelier. Nous lui avons fourni dernièrement une robe de velours. C'est moi qui ai fait le corsage. Dieu ! qu'il y avait de coton ! Elle est joliment difficile à habiller, cette comtesse-là. Nous a-t-elle sciées pour avoir sa robe ! C'est moi qui suis allée lui essayer... et, comme la jupe faisait de mauvais plis, cette dame était dans une colère affreuse. Il a fallu tout recommencer ; j'ai même passé la nuit. Au fait, c'était le jour où je ne suis pas venue, même que vous étiez fâché après moi et que vous disiez que j'avais été courir. Là, vous voyez bien que je ne vous avais pas menti. Elle est très maigre, cette dame. Dites donc, Armand, est-ce que toutes les comtesses sont maigres comme ça?

— Il y en a, répondit celui-ci, qui souriait en pensant aux renseignements intimes que venait de lui fournir l'indiscrétion de la jeune fille. — Ah ça ! lui dit-il en voyant qu'elle s'acharnait à la lecture du volume rose, est-ce que vous n'avez pas bientôt fini de lire?

— Oh! répondit-elle, c'est si joli, voyez-vous!

— Rose, fit Armand en lui enlaçant la taille et en prenant le volume, qu'il jeta sur un coin de son secrétaire, il est minuit, nous pouvons nous tutoyer.

— Prends donc garde, tu me chiffonnes, répondit la jeune fille en relevant le petit bonnet qui couronnait sa tête brune.

— Tu sais repasser », dit Armand; et, appuyé sur le dos de sa chaise, il souriait en contemplant cette gracieuse et fraîche créature, qui, coquettement posée devant un miroir, roulait sous ses doigts blancs les boucles d'une opulente chevelure noire, et les enfermait dans des papillotes.

Pour Armand, les premières vertus d'une femme étaient la beauté, la gaîté, la santé. A ce point de vue, Rose était une sainte, et Armand passait le meilleur de son temps à l'adorer et à l'admirer sous son auréole printanière.

Tel nous l'avons laissé tout à l'heure, tel nous le retrouvons, accoudé sur sa chaise, regardant la jeune fille préparer sa coiffure de nuit.

Comme il lui restait encore deux ou trois papillotes

à faire, Rose chercha des yeux si elle ne trouverait pas un peu de papier fin.

Armand la devina; — il prit la lettre de madame Olympe, qui était restée sur la table, la découpa en quatre morceaux et les tendit à sa maîtresse, qui acheva de se coiffer.

Puis, comme s'il achevait tout haut une pensée commencée tout bas, Armand se mit à marcher dans sa chambre en s'écriant :

« C'est si beau la jeunesse ! »

VI

Le surlendemain du jour où madame Olympe lui avait écrit, Armand recontra son ami Eugène.

« Pourquoi donc ne vous a-t-on pas vu hier chez madame Delarue? lui demanda celui-ci.

— Mais, répondit Armand, on m'a fait avertir que la soirée de madame Delarue n'aurait pas lieu à cause de la maladie de son père.

— Qu'est-ce que cela veut dire? reprit Eugène ; le père de madame Delarue a été indisposé il y a quelques jours, et madame Delarue n'aurait pas reçu si cette indisposition était devenue plus grave ; mais elle a duré fort peu, et la soirée a eu lieu comme d'habitude. Je m'étonne que madame Delarue vous ait prié de ne pas venir, d'autant plus qu'elle s'étonnait hier de ne point vous voir.

— Mais, dit Armand, ce n'est pas elle qui m'a écrit.

— Qui donc, alors? demanda Eugène.

— C'est son amie, la comtesse Olympe.

— Ah! déjà? dit Eugène en riant.

— Qu'est-ce que vous entendez par là?

— Oh! rien. — Comment était conçue cette lettre? demanda Eugène ; — s'il n'y a pas d'indiscrétion, toutefois? ajouta-t-il.

— Aucune, continua Armand : — c'était un billet fort simple, une rédaction de circulaire. — Mais dans quel but madame Olympe voulait-elle m'empêcher d'aller chez son amie?

— Ceci est son secret, dit Eugène. — Tout ce que je puis vous affirmer, c'est que madame Delarue n'était pour rien dans cette lettre. Madame Olympe aura tout simplement voulu faire avec vous une tentative de correspondance.

— Mais, c'est qu'elle a réussi, répondit Armand.
— Je lui ai écrit.

— A quoi bon? — Qu'aviez-vous à répondre à un avertissement qui n'avait, dites-vous, d'autre but que de vous éviter une course inutile?

— Ah! voici, répliqua Armand. A cette lettre était joint un volume de poésies d'une dame quelconque, et qui m'était adressé par madame Olympe, comme si je le lui avais demandé, — bien qu'il n'en fût rien. — Ensuite, elle me foudroyait de flatteries, à propos des vers que j'ai lus l'autre soir, et dont elle me demandait copie; — voilà tout. — Je lui ai répondu par bienséance, et pour savoir dans quelle intention elle m'envoyait le volume de vers.

— Eh bien! je vous le disais. — Vous voilà en correspondance. Je gage que vous recevrez, avant peu, une lettre conçue de façon à nécessiter une nouvelle réponse, à laquelle madame Olympe répliquera par un nouveau billet qui ne vous permettra pas de garder le silence. Les lettres se succéderont ainsi pendant huit jours, — et, comme vous comprendrez moins que jamais le motif de cette correspondance, dont la raison sera soigneusement embrouillée par

4.

madame Olympe, elle vous priera de passer chez elle pour vous expliquer de vive voix. — Peut-être même sera-t-elle assez habile pour vous amener à y aller de vous-même.

— Mais pourquoi, — encore une fois? — demanda Armand, et sous quel prétexte?

— Le prétexte, — c'est la moindre des choses à trouver pour une femme habile. — Madame Olympe en trouvera un, soyez-en sûr. — Et vous vous y laisserez prendre. Et dans un mois, — ou même avant, — vous vous trouverez engagé avec elle dans des relations — dont la conclusion fera gagner à madame Olympe la gageure qu'elle a faite avec elle-même.

— Mais quelle gageure encore? — demanda Armand.

— Tenez, je serai indiscret jusqu'au bout. Madame Olympe veut d'abord vous *aristocratiser*. — Ensuite, le peu d'empressement avec lequel vous avez accueilli les avances — non équivoques — qu'elle vous a faites depuis sa première rencontre avec vous a irrité son amour-propre. Vous lui avez fait une position difficile; — trois ou quatre fois, — en public, — vous avez fait avorter les ironies qu'elle lançait autour d'elle. — Vous avez pris la défense de madame de Marènes, qu'elle voudrait voir clouée au pilori du scandale. Enfin, dans toutes les circonstances, vous avez fait preuve d'une hostilité permanente et presque systématique envers madame Olympe. L'autre jour encore, dans cette partie de campagne, chez madame Delarue, vous avez, devant dix personnes habituées à considérer la comtesse comme invincible dans les luttes d'esprit, — mis à néant et brutalement jeté sur le carreau, à la pointe du bon sens et d'une raison froide, toutes les opinions qu'elle avançait. Et pourtant elle avait su habilement vous attirer sur un terrain où elle avait fait avancer l'arrière-garde de ses paradoxes les plus excentriques, et qui sont depuis longtemps chevronnés par les succès. Eh bien ! avec l'impertinence la mieux habillée de formes polies, vous avez forcé madame Olympe à faire retraite ; vous avez subtilement mouillé ce feu d'artifice avec lequel elle a coutume d'éblouir les aveugles, et toutes ses fusées ont fait long feu. — Comprenez-vous maintenant combien elle se voit compromise ? Comprenez-vous combien semble pénible, pour une femme habituée aux génuflexions, l'attitude indifférente que vous gardez devant elle? — Comment! voilà tantôt un mois que vous la connaissez, — et vous ne vous êtes pas fait présenter dans les maisons où elle va! — vous n'avez pas sollicité la faveur d'être admis chez elle! — vous avez fait la sourde oreille quand elle vous a demandé des vers pour son album! — vous faites à tout propos, devant elle, l'apothéose de la jeunesse! — vous ne vous inclinez pas devant ses idoles! — vous étalez vos sympathies pour les artistes et les poëtes dont les créations robustes et bien portantes protestent contre l'invasion de l'art poitrinaire et de la littérature sentimentalement trempée de larmes! — en tout, partout et toujours, vous vous refusez à porter ses couleurs! — vous la mettez impitoyablement en dehors de la conversation toutes les fois qu'elle veut la dominer! — du premier rôle qu'elle occupait, vous l'avez réduite au rôle de figurante! et vous demandez innocemment ce qu'elle vous veut? — Votre question naïve me rappelle celle d'un misérable qui avait volé, pillé, assassiné, et qui, se trouvant devant la cour d'assises, — demandait tranquillement — pourquoi on l'avait dérangé de ses petites affaires, et ce qu'on lui voulait.

« On veut que vous vous amendiez, mon cher; —

on veut que vous cessiez d'être une exception, et qu'en toutes choses, devant le monde surtout, vous ne disiez plus *non* quand on aura dit *oui*. Car, si d'ici à peu de temps vous n'êtes pas aussi génuflexe que vous avez été hautain, vous aurez brisé le charme prestigieux d'une réputation qui ne compte jusqu'ici que des triomphes, et vous aurez à redouter la *vendetta* terrible d'une femme de l'omnipotence de laquelle vous aurez fait douter.

— Heureusement qu'il n'y a plus de bravi, dit Armand en riant. — En attendant, je vous remercie de vos avis », ajouta-t-il. Et, après avoir serré la main de son ami, Armand le quitta pour rentrer chez lui.

Il y trouva une lettre de madame Olympe : c'était la réponse au billet qu'il lui avait adressé la veille.

Cette lettre, dont le papier était entouré d'un filet rose, et timbré à sec de la couronne comtale, ne contenait que ce peu de lignes :

« Vous avez sans doute oublié, Monsieur, que, l'autre jour, chez madame Delarue, vous avez manifesté le désir de lire un volume de vers dont il avait été question. — J'ai eu précisément, deux ou trois jours après, ce volume en ma possession, et, croyant satisfaire votre curiosité littéraire, j'ai songé à vous l'adresser. Vous avez oublié ce fait, et je me le suis rappelé; voilà tout. Je n'ai du reste aucun motif pour m'intéresser à ce recueil, et je vous remercie de l'obligeante proposition que vous avez eu la bonté de me faire. Je m'en souviendrai, et, d'ici à quelques jours, j'aurai peut-être l'occasion de vous la rappeler. J'attends avec bien de l'impatience, Monsieur, le moment où je pourrai lire votre roman, et vous prie de ne me pas oublier pour un exemplaire. Je regrette beaucoup que nous n'ayons pu nous rencontrer chez madame Delarue cette semaine : — je vous aurais prié de mettre les vers que vous avez dits l'autre jour sur mon album. J'en ai parlé à plusieurs personnes, dont mon enthousiasme a excité la curiosité, car on sait que je ne me passionne qu'à bon escient; aussi suis-je bien contrariée de ne pouvoir leur prouver, en leur montrant cette charmante poésie, combien vous méritez les éloges que je fais si souvent.

« Recevez, etc. »

« Bon, dit Armand, — Eugène avait raison. » Et

il s'apprêtait à allumer son cigare avec le billet de madame Olympe, quand il lui vint soudainement à l'esprit une réflexion ;

« Non, dit-il en serrant la lettre, — ne la brûlons pas... Qui sait... Elle peut devenir matière à procès... Dois-je répondre ? ajouta-t-il en se grattant le front, — signe qui lui était habituel quand il voulait appeler une décision. — Au fait, ajouta-t-il, l'écriture a été donnée à l'homme pour déguiser sa pensée, — et nous ne sommes pas au temps où l'on pouvait faire pendre un homme avec deux lignes de sa main. »

Et Armand rédigea un billet laconique, précis... dont les phrases polies n'offraient aucune prise à l'interprétation fausse. — Il évita soigneusement les mots *janus*, dont les synonymes sont pleins de dangers. Il en ordonna la ponctuation d'après les strictes lois grammaticales. Jamais il n'avait fait tant de virgules. — Bref, ce billet atteignait son but, et madame Olympe se cassa la tête pendant deux heures — sans pouvoir faire dire à ces dix lignes autre chose que ce qu'elles disaient réellement, — c'est-à-dire ceci :

« Vous êtes bien bonne, Madame, de tant vous occuper de moi, qui en suis si peu digne. J'ai l'honneur de vous saluer. » — Ce n'était pas compromatant, comme vous voyez.

Et maintenant, voici en deux mots quels étaient les projets de madame Olympe sur Armand. D'abord, comme Eugène l'avait bien dit à celui-ci, elle était très mortifiée du peu d'attention qu'il daignait lui accorder, — à moins que ce ne fût pour la contredire. — Elle avait publiquement perdu la première manche de la partie devant le public. — Mais madame Olympe était prévoyante et ne jouait qu'en partie liée : — aussi comptait-elle bien avoir sa revanche dans une lutte intime. — Elle avait, du reste, encore bien des ruses à appeler à la rescousse, et comptait beaucoup, nous devons le dire, avoir l'avantage dans la lutte épistolaire. Cependant les deux lettres d'Armand commençaient un peu à ébranler cette espérance ; mais le motif particulier pour lequel elle tenait tant à s'allier à Armand était celui-ci :

Elle avait appris sa collaboration active à une petite feuille satirique dont la publicité est immense à Paris, et dans laquelle on peut, en trois coups de plume, tuer un homme ou compromettre une femme aux yeux de l'opinion, qui aime tant à prendre son café entre deux scandales. — Elle songea de quelle utilité pourrait être pour elle un homme qui consentirait à charger son escopette quotidienne avec les cartouches qu'elle lui fournirait pour tirer sur les noms de ceux qui ne voudraient pas être ses amis, et le nombre commençait à augmenter ; et puis, par ce moyen, sa réputation de femme d'esprit, restreinte dans certains cercles, pourrait acquérir une immense popularité ; et mille autres avantages qu'elle imaginait. Aussi, pour amener Armand à accepter cette complicité, elle était résolue à mettre en usage les plus merveilleuses perfidies qu'elle tenait en réserve, quitte à se venger cruellement, une fois son but atteint. Elle résolut de descendre jusqu'au dernier échelon de l'humilité pour arriver à ses fins.

VII

Cette petite lutte durait depuis quinze jours environ entre la comtesse et Armand, et madame Olympe n'avait pas encore remporté le plus petit avantage. Mais, comme elle était de ces natures obstinées qui adoptent pour devise le *perseverando* de je ne sais plus quelle maison célèbre, elle ne se rebuta point, et continua avec Armand une correspondance sur les motifs les plus puérils. Tantôt elle lui écrivait : « Vous, Monsieur, qui êtes par nécessité au courant de toutes les nouveautés artistiques et littéraires, soyez donc assez bon pour m'indiquer quelle est l'œuvre du moment qui mérite le plus d'attention. Le livre de M..... est-il vraiment digne de curiosité ? le drame du Théâtre-Français vaut-il la peine qu'on se dérange ? dois-je aller voir l'opéra nouveau ? » Et mille demandes de ce genre, auxquelles, sans faire preuve d'une brutalité de rustre, il était impossible de ne pas répondre.

Aussi Armand répondait-il; — mais il le faisait avec une mesure extrême. Ses lettres ne contenaient jamais plus que des affirmations ou des négations, également exprimées avec une grande sobriété.

Cependant, nous connaissons assez Armand pour affirmer qu'il avait comme un autre des côtés vulnérables; — mais les avis d'Eugène l'avaient mis en garde.

— Il était instruit de la position que madame Olympe voulait lui faire dans le seul salon où il allait, — avec plaisir, d'ailleurs, maintenant qu'il savait entrer, sortir, s'asseoir et saluer selon les us et coutumes du monde des habits noirs et des cravates blanches ; — mais, comme tous les gens prévenus d'un danger, lorsqu'il savait devoir se trouver en rapport public avec madame Olympe, il avait soin de se revêtir d'une espèce de cotte de mailles morale qui pût déjouer toute attaque tentée à l'improviste.

Ayant compris, d'ailleurs, qu'il était observé par madame Delarue et quelques personnes qu'elle recevait habituellement; sachant, par les rapports d'Eugène, que sa lutte avec la comtesse excitait la curiosité de la galerie, qui en attendait avec impatience le résultat, Armand mit une grande obstination à conserver l'avantage qu'il avait jusque-là obtenu, et continua à se tenir sur la défensive.

Cependant, il est vrai de dire aussi qu'intérieurement, cette poursuite d'une femme qui, après tout, tenait dans le monde une position distinguée, ne laissait pas de chatouiller agréablement les houppes sensibles de son amour-propre. Armand possédait, comme tous les hommes, cette corde de la vanité qui vibre au moindre contact, — et qui souvent vibre d'elle-même; — et les lettres de madame Olympe contenaient toujours quelque *post-scriptum* dont les subtiles flatteries eussent faussé la cuirasse d'indifférence la plus solide, et fait tressaillir d'aise les Achilles de modestie, — qui ont toujours et malgré tout plusieurs talons.

Nous irons même plus loin : nous dirons, avec une métaphore dont Armand nous saura gré, que, malgré les attraits piquants qu'avait pour lui l'humble fleur des champs, vive en couleur, pleine d'un tendre parfum, humide de rosée, et tremblante sur sa modeste tige, il se fût volontiers glissé dans un aristocratique parterre, où la rose royale croît auprès du lis superbe, où le camélia étale orgueilleusement sa blancheur immaculée près des roses-trémières et des dahlias qui se pavanent dans leurs robes somptueusement coloriées. — En d'autres termes, Armand, mené par ses instincts d'artiste et de poëte, qui l'attiraient vers tout ce qui rayonne, aurait bien fait une infidélité passagère aux violettes et aux pervenches populaires, s'il avait vu la possibilité de pénétrer dans les serres choisies, c'est-à-dire dans le boudoir de quelque beauté aristocratique, — fût-elle même à son automne.

Pour en finir, Armand approchait peut-être de cette époque où l'on abandonne les faciles intrigues qu'improvise le hasard, pour s'engager dans une passion qui aurait eu pour lui tout le piquant de la nouveauté et tout l'attrait qui résulte de la difficulté. — Et, n'eussent été les préventions qu'on lui avait fait concevoir, — il se fût peut-être, — en manière d'essai, — laissé aller à devenir un des sigisbés de madame Olympe, bien qu'elle ne réalisât en aucune façon les qualités plastiques et morales qu'il avait rêvées.

Mais, nous le répétons, il ne voulait pas s'enrôler dans l'état-major des adorateurs de madame Olympe, parce qu'il savait qu'on avait fait de lui l'objet d'une gageure; que son premier acte de soumission serait considéré comme une défaite, et qu'avant tout, — suivant une expression de son langage intime, — il ne voulait pas se laisser *rouler*.

Il y avait en effet gageure, — et madame Delarue, qui s'amusait beaucoup des luttes qui s'engageaient une fois par semaine dans son salon et se continuaient par correspondance entre Armand et la comtesse, railla un jour celle-ci, doucement, sur le peu de succès qu'elle obtenait avec le *bohémien*.

Avec son amie, madame Olympe avait, et pour cause, des moments de franchise ; aussi avoua-t-elle qu'elle était piquée au jeu. — Seulement elle ajouta qu'elle pensait avoir contre elle quelque influence étrangère qui maintenait Armand dans la réserve.

« Mais je n'ai pas dit mon dernier mot, continua madame Olympe.

— Je crois qu'Armand a dit le sien, répliqua madame Delarue.

— Voulez-vous gager que, dans huit jours, il m'écrit des vers dans mon album?

— Oh! dit madame Delarue, ce serait là un résultat bien insignifiant..... une pauvre victoire, indigne de vous.

— Mais, continua madame Olympe, j'entends des vers personnels, à moi adressés, — que je trouverai moyen de faire imprimer quelque part, avec mes initiales en tête, et qui deviendront ainsi un hommage public..... un acte de capitulation, après lequel ce monsieur restera bellement convaincu d'être au nombre de mes servants.....

— Je vois que vous voulez absolument le compromettre », répondit madame Delarue, qui était en veine d'ironie... et qui n'eut pas plus tôt lancé ce mot qu'elle s'en repentit, car elle connaissait son *amie*. Madame

Olympe avait une grande mémoire, rien n'y tombait en vain, et l'épigramme, — comme une graine jetée dans un sillon fécond, — ne tardait pas à y développer les germes d'une belle et bonne vengeance.

Deux jours après, Armand reçut de la comtesse une nouvelle lettre, — un chef-d'œuvre en six lignes. — Elle lui demandait quelques vers inédits pour son album, qui était joint à la lettre, et terminait son épître par cette phrase : « Vous serez là, Monsieur, en belle et honorable compagnie. » Cet album était en effet une réunion de noms connus : artistes, poëtes, musiciens, enfin tous les hommes qui marchent sur la grande route et sous le soleil de la célébrité, avaient jeté sur ces feuillets les charmantes improvisations de leur plume ou de leur pinceau.

Armand se campa gravement entre deux stances de Lamartine et vingt-cinq mesures arrachées un soir par madame Olympe à la paresse de Rossini, et avec un voluptueux frissonnement d'orgueil il attenta à la virginité de ce feuillet blanc qui offrait l'hospitalité à sa muse.

Deux heures après, madame Olympe recevait son album et une lettre dans laquelle Armand s'excusait de la tache qu'il venait de faire, et qu'il conseillait à la comtesse de faire disparaître. Elle ouvrit l'album et y trouva un sonnet, tout personnel en effet, avec la dédicace : *A madame la comtesse Olympe*, et intitulé : Les Ruines.

Poussé à bout par les provocations de la comtesse, Armand avait répondu à sa lettre, qui était un chef-d'œuvre d'adresse, par un chef-d'œuvre d'insolence.

Chaque vers de son sonnet était un stylet trempé dans le violent poison des allusions qui n'auraient pu échapper à la myopie des moins intelligents. Chaque hémistiche était un audacieux défi jeté à la rancune d'une femme. Au milieu de tous les madrigaux, concetti ingénieux et fleurs galantes dont on avait jonché cet album, le sonnet produisait le plus impertinent contraste, la protestation la plus énergique contre les louanges au milieu desquelles il se trouvait ; enfin c'était un coup de sifflet aigu qui retentissait avec sonorité au milieu d'un concert laudatif. — Et madame Olympe comprit alors la phrase d'Armand : « Je vous conseille, Madame, d'effacer cette tache, que je n'aurais pas commise dans ce beau recueil sans vos obligeantes sollicitations. »

« Ah! dit-elle en déchirant le feuillet..... l'insolent!..... je me vengerai..... »

Le soir même, elle rencontra madame Delarue dans un salon.

« Votre M. Armand est un personnage grossier, lui dit-elle... auquel j'ai fait trop d'honneur jusqu'à présent.

— Pourquoi? demanda madame Delarue.

— Je lui ai envoyé mon album...

— Et il a refusé d'y mettre des vers?

— Cela n'eût été qu'une incivilité, dit madame Olympe; il a fait ce que font les gens du commun, qu'on a la faiblesse d'admettre dans un lieu honorablement distingué. M. Armand, poëte de carrefour et bel esprit d'estaminet, à qui je faisais l'honneur de faire une place dans un endroit où se sont rencontrées toutes les illustrations de l'époque, a jeté dans mon album une production qui sent le tabac, l'eau-de-vie, et qu'il a dû cent fois improviser en faveur des déesses de la Chaumière.

— Mais, ma chère, répondit madame Delarue, il était logique que ce garçon restât dans son style ce qu'il est dans sa vie privée. Il n'a pas plus mis de bottes vernies et de gants blancs pour entrer dans votre album qu'il n'en met pour entrer dans un salon. Au point de vue de l'art, ces vers peuvent avoir quelque mérite... vous me les montrerez.

— Il est trop tard, dit madame Olympe, j'ai déchiré cette page écrite par une muse qui parle argot et va jusqu'à l'obscénité.

— Ah! si cela est, dit madame Delarue, j'en ferai des reproches à M. Armand.

— J'espère que vous ne le recevrez plus, dit madame Olympe.

— Permettez, ma chère, répondit son amie; vous pouvez, vous qui vous croyez offensée, fermer votre porte, ouverte jusqu'ici à M. Armand; mais je n'ai aucun motif pour en agir de même.

— M. Armand n'est jamais venu chez moi, dit la comtesse.

— Ah! soyez franche, Olympe, ce n'est pas votre faute.

— Je vous demande de la discrétion, fit la comtesse en ayant l'air de ne point prendre acte de la nouvelle ironie de son amie.

— Je serai muette, répliqua madame Delarue; le mauvais procédé de M. Armand restera ignoré, et ses vers inédits; car vous ne les ferez pas imprimer sans doute? »

Le mercredi suivant, Armand alla comme d'habitude chez madame Delarue, où se trouvaient madame de Marènes et M. de Sylvers, qui, par des raisons de convenance, et ayant appris le retour prochain de M. de Marènes, s'était décidé à s'éloigner de Paris pendant quelque temps, et venait faire ses adieux à madame Delarue et profiter des derniers instants qui lui restaient à passer près de la femme qu'il aimait. Nous l'avons dit déjà, cette passion discrète avait été acceptée par le monde ; et une indulgence générale, qui avait déjà étouffé des tentatives de scandale, protégeait l'amour de M. de Sylvers pour madame de Marènes, une charmante femme que la position active de son mari dans l'armée laissait presque constamment dans un état de veuvage. Il se trouvait en outre plusieurs autres personnes qui venaient habituellement aux mercredis de madame Delarue. On pria M. Armand de lire ses vers. Il se défendit quelque temps ; mais, cédant aux sollicitations particulières de madame de Marènes, il annonça qu'il allait dire un sonnet.

« Je demande la permission de ne pas nommer la

personne à qui sont adressés ces vers », demanda-t-il.

Cet exorde indiscret fit sourire madame Delarue et fut entièrement compris par plusieurs personnes.

Armand lut son sonnet des *Ruines*, et fut très complimenté. Madame Delarue n'y rencontra aucune phrase d'argot, et pas une des obscénités dont son amie avait cru devoir se plaindre.

Comme Armand venait d'achever ses vers, le domestique annonça madame la comtesse Olympe. En ce moment, Armand causait tout bas avec madame de Marènes et M. de Sylvers, qu'il venait de mettre en belle humeur par le récit de quelque anecdote du monde littéraire.

Le premier regard de madame Olympe se porta sur le groupe que son entrée paraissait ne point déranger. Elle vit des rires et entendit des paroles en sourdine qui lui donnèrent de l'inquiétude, surtout lorsqu'une personne lui eut dit :

« Ah ! Madame, vous avez perdu de n'être pas arrivée plus tôt : vous auriez entendu un charmant sonnet, que M. Armand vient de nous réciter tout à l'heure. »

Madame Olympe pâlit soudainement ; elle jeta un nouveau coup d'œil sur Armand, madame de Marènes et M. de Sylvers, qui, restés à l'extrémité du salon, continuaient à rire. La comtesse pensa qu'on l'avait trahie et qu'elle était l'objet de cette gaieté insolente. Cependant elle reprit quelque fermeté et se mêla à la conversation, qui redevint générale. On vint à parler de quelques gens de lettres, et la comtesse se montra très agressive envers plusieurs.

« J'ai dîné hier avec M. ***, dit-elle... : c'est bien l'homme le plus grossier, le plus fat et le moins spirituel que je connaisse. — Il faut croire qu'il met tout son esprit dans ses livres... car il lui en reste bien peu pour le monde. »

Et elle se livra, avec un grand bonheur d'expressions, à une attaque contre l'écrivain pour qui Armand avait une sympathie qui allait jusqu'à l'idolatrie.

Il défendit donc l'auteur attaqué; et, comme madame Olympe, passant de l'homme à l'écrivain, se livrait à la critique de ses œuvres, la conversation s'engagea très vive entre Armand et madame Olympe. — Souvent leurs auditeurs entendaient jaillir de part et d'autre des expressions que l'intention, le geste, le regard, qui les accompagnaient, semblaient vouloir souligner, ce qui leur donnait, en certains cas, l'apparence d'une personnalité. Madame Delarue, craignant un éclat, intervint entre les deux champions, et fit en sorte qu'on parlât d'autre chose.

Tout le reste de la soirée, — et au grand étonnement de madame Olympe, Armand se montra très assidu auprès d'elle.

« Serait-ce une façon de me présenter ses excuses ? se demanda-t-elle..... Il a beaucoup à faire pour que je lui pardonne. — Enfin, voyons-le venir..... » Et, de son côté, elle se montra charmante avec Armand.

Pendant deux heures, — ils dépensèrent tous les deux des trésors d'hypocrisie.

Mais, quand elle fut rentrée chez elle, — madame Olympe retrouva au fond de son âme toute la rancune qu'elle amassait depuis deux jours et qui demandait à déborder. — Seulement, comme Armand paraissait vouloir renouer avec elle, ce ne fut pas cette fois encore qu'elle voulut se venger de lui. — Elle attendit une meilleure occasion. Les rires qu'elle avait surpris chez M. de Sylvers et chez madame de Marènes lui revinrent en mémoire. — Elle était au courant de tous les détails assez bizarres de leur liaison, et savait que l'arrivée du général de Marènes était le seul motif qui éloignait M. de Sylvers de Paris. — Elle résuma sous une forme assez plaisante cette petite histoire intime, émaillée d'initiales véritables et de traits qui devaient compléter l'indiscrétion ; puis, après l'avoir transcrite sur un papier déchiré à l'angle où étaient ses armes, elle le mit sous enveloppe, le ferma de cire ambrée avec un cachet de fantaisie, et, appelant son domestique, elle lui ordonna de porter le lendemain même, au matin, — cette lettre à son adresse.

Le jeudi soir, — Armand, ayant affaire au petit journal où il travaillait, tomba, en corrigeant une épreuve, sur un article de vingt-cinq lignes intitulé *Charge de Cavalerie*. Après l'avoir lu, il reconnut dans tous ses détails l'histoire de madame de Marènes et de M. de Sylvers. On y racontait avec un art très perfide la liaison des deux amants ; on y donnait les détails les plus indiscrets sur les lieux et l'heure ordinaire de leurs rendez-vous..... et on déplorait l'arrivée subite du mari..... qui arrivait avec son chapeau *à cornes*, le sabre au poing et les fils de ses épaulettes hérissés de fureur. Bref, les initiales aidant, M. de Marènes devait absolument se reconnaître dans ce portrait, et reconnaître aussi l'homme avec qui sa femme le trompait.

— Ces quelques lignes pouvaient déterminer les plus scandaleux résultats.

« Qui donc a envoyé cet article? demanda Armand.

— On l'a trouvé dans la boîte, dit le rédacteur ; — il est très amusant.

— Oui, mais il vous fera perdre deux abonnés : M. de S..... et madame de M..... sont les vôtres.

— Diable! dit le rédacteur, — et sans prendre garde ; — est-ce vrai, encore, l'aventure ?

— Pure diffamation, répondit Armand, — qui peut vous attirer un tas de mauvaises affaires, — avec un bon procès. — Je parie que c'est une femme — qui vous envoie ça.

— Ça m'en a tout l'air, dit le rédacteur ; c'est écrit sur un papier fin comme de l'air tramé ; — et ça embaume comme une cassolette.....

— Et c'est écrit avec de l'encre, ou plutôt du venin bleu, je parie?

— Je crois que oui, dit le rédacteur ; au surplus, voilà la *copie* (le manuscrit).

— J'en étais sûr....., dit Armand en reconnaissant l'écriture de madame Olympe. — Je connais la vipère qui veut devenir votre collaboratrice.

— C'est donc une vengeance ?

— Odieuse, dit Armand, je vous le certifie, — et à laquelle de braves gens comme nous ne doivent pas prêter les mains. — Nous avons déjà eu trois procès ce mois-ci ; ça doit suffire à notre gloire ; — supprimons l'article.

— C'est dommage, dit le rédacteur : il aurait eu du succès.

— Supprimez l'article, continua Armand, — je vous en promets un autre qui sera plus gai, et qui aura le mérite de dire une vérité. — J'en fais mon affaire ; j'entame, d'ici à quelques jours, sur le personnage à l'encre bleue, une petite série qui sera bien réjouissante. Que personne n'y touche, Messieurs, dit Armand aux autres rédacteurs. J'en fais ma spécialité, — et je garantis dix abonnés au journal. — Ah ! que ça va donc être amusant !

— Je vais comme ça, — dit le rédacteur, — supprimer l'article.

— Merci », dit Armand en emportant l'épreuve et le manuscrit.

VIII

Le lendemain matin, madame Olympe envoya chercher au cabinet de lecture le petit journal. Elle l'ouvrit avec impatience et le parcourut avec avidité, sans trouver, pour les raisons qu'on sait, l'article qu'elle cherchait.

« Allons, dit-elle, j'aurai envoyé trop tard, ou on n'aura pas eu de place; ce sera pour demain. »

En ce moment son domestique vint lui demander si elle voulait recevoir.

« Qui? demanda-t-elle.

— M. Armand.

— Faites entrer, dit madame Olympe. — Armand! que me veut-il? pensa-t-elle en serrant précipitamment le numéro du journal qu'elle venait de lire.

Armand se présenta.

« Qui me procure, Monsieur, le plaisir de votre visite? lui demanda la comtesse.

— Je viens, un peu tardivement, Madame, répondit le jeune homme, vous faire l'hommage de mon roman, que vous avez eu l'obigeance de me demander plusieurs fois.

— Ah!... Je suis bien enchantée, Monsieur.» — Décidément il se rend, pensa la comtesse.

« Je viens, en outre, Madame, continua Armand, vous rappeler que vous avez quelquefois témoigné, à moi particulièrement, le désir d'assister à un des bals publics qui ont le plus de célébrité. — L'un de ces établissements donne ce soir une fête extraordinaire, et je viens solliciter l'honneur de vous y accompagner.

— Mais, demanda madame Olympe, n'y a-t-il pas quelque danger à aller dans un lieu pareil? — Ma curiosité est grande, il est vrai; mais, ajouta-t-elle en riant, est-ce bien là ma place?

— Oh! rassurez-vous, Madame; il n'est pas rare de rencontrer en ce lieu des dames du monde, soit avec leurs maris ou leurs parents... Il se peut même que vous y trouviez des personnes de votre connaissance, qui viendront comme vous pour assister à un spectacle très curieux et très amusant.

— Eh bien, j'accepte, dit la comtesse décidée par ce dernier argument.—Au moins, pensa-t-elle, ma victoire sera publique, et M. Armand sera descendu de son piédestal d'exception. — J'accepte, reprit-elle; — vous serez mon cicerone ; vous m'indiquerez, pendant que j'étudierai sur nature leurs mœurs, les lions et les lionnes de la galanterie parisienne.

— Je serai à vos ordres quand il vous plaira, dit Armand.

— Venez me prendre à huit heures », dit madame Olympe en reconduisant Armand jusqu'à la porte du salon.

« La transition est un peu brusque, pensa-t-elle ; — mais il n'importe, je le surveillerai ; et, quel que soit son dessein, il n'en sera pas moins prouvé qu'il m'a poursuivie à son tour. — Et puis, et puis, continua madame Olympe en elle-même, — mon petit artifice va faire explosion un de ces matins ; — et quand je serai au mieux avec M. Armand, M. de Sylvers saura bien mettre une signature au bas de l'article anonyme qui viendra le foudroyer, — et il crèvera dix chevaux de poste pour revenir en hâte souffleter M. Armand, qu'il en croira l'auteur.

« Et alors... ma foi, ce sera drôle », dit madame Olympe en minaudant devant sa glace.

En sortant de chez la comtesse, Armand était monté chez Eugène.

« Je viens vous demander un service, dit-il en entrant.

— Parlez.

— Ayez l'obligeance d'accompagner ce soir ma maîtresse au Château-Rouge. Je l'ai prévenue que je ne pourrais pas y aller, ce qui est un mensonge.

— Mais alors... dit Eugène, si elle vous voit, et que vous ne soyez pas seul, elle vous fera une scène en plein bal. Vous ne la connaissez donc pas?

— Je ne serai pas seul. — Rose me fera une scène.

— J'y compte beaucoup, et j'entrevois des horizons de comique. Tâchez donc d'amener quelques-uns des jeunes gens qui vont chez madame Delarue avec vous.

— Pourquoi?

— Vous verrez. Je veux vous payer la comédie.

— Quelle est cette fantaisie? demanda Eugène.

— Vous verrez, vous dis-je. — A ce soir. — Je dirai à ma maîtresse que vous viendrez la prendre.

— Et madame Olympe, où en êtes-vous?

— Je vous dirai cela demain. — A ce soir. »

IX

Le lendemain de la fête donnée au Château-Rouge, le petit journal satirique publiait un article intitulé : *La Robe de soie et la Robe d'indienne*. Il était ainsi rédigé :

« Les nombreux habitués du Nouveau-Tivoli ont été régalés hier, au milieu de la fête, d'une délicieuse comédie qui n'était point portée sur le programme, ce qui fait qu'elle a eu tout le charme et tout le succès d'une chose improvisée. Voici les détails dont nous avons été les témoins oculaires et auriculaires :

« Un jeune *gendelettre*, qui nous a prié de ne pas le nommer, accompagnait une dame du monde, venue incognito satisfaire sa curiosité piquée depuis longtemps par les rapports qu'on lui faisait sur ce lieu, qui est le rendez-vous de la haute et basse aristocratie de la galanterie. Voilée avec la plus grande discrétion, la compagne du jeune écrivain examinait la fête, tout en ayant soin de se tenir dans les endroits les moins éclairés et les moins fréquentés du jardin. — Cependant, ayant entendu dire que les quatre reines des bals publics, celles-là mêmes à qui la lithographie est en train de faire une apothéose, s'apprêtaient à danser, la dame voilée manifesta le désir d'assister de plus près au quadrille où devait figurer le célèbre quatuor des hétaires populaires ; elle pria donc son cavalier de la mener dans la salle de danse.

« Mais, comme ils s'apprêtaient tous deux à s'asseoir au milieu du centre le plus brillant, une fort jolie fille, mise avec plus de coquetterie que de somptuosité, quitta brusquement le bras d'un jeune homme avec qui elle s'apprêtait à danser, et, abordant brusquement le couple, qui ne s'attendait pas à cette attaque, elle cria au jeune homme :

« C'est donc comme ça que tu me fais poser, toi ? — Qu'est-ce que tu fais là ?

« — Rose... balbutia le jeune homme interdit.

« — Il n'y a pas de Rose qui tienne, répondit la *robe d'indienne*, dont la voix atteignait alors le diapason le plus aigu de la colère. — Donne-moi le bras tout de suite ; j'ai à te parler entre *quatre-z-yeux*. — Allons, vite !

« Je ne puis pas, — je suis en compagnie.

« — Eh! qu'est-ce que ça me fait à moi ta compagnie?

« — J'irai te rejoindre tout à l'heure...

« — Viens tout de suite, ou je fais du tapage, d'abord...

« — Mais, Mademoiselle, hasarda la *robe de soie*, vous faites une erreur... vous supposez...

« — Comment! je suppose... — Elle est bonne, la dame, avec ses suppositions.

« — Mais, Rose, dit à son tour le jeune homme avec qui celle-ci était... prenez garde! ceci n'est pas convenable... Tout le monde vous regarde; on s'amasse... Laissez A..... sortir un instant; il viendra vous retrouver.

« — Oui! crois ça et bois de l'eau. — Je veux qu'il vienne... à l'instant. »

« Et comme la *robe de soie*, toute tremblante au bras de son cavalier, le suppliait tout bas de s'éloigner avec elle, celui-ci, repoussant de la main sa jalouse maîtresse, tenta de s'échapper avec sa compagne ; mais il était trop tard. Ne pouvant vaincre son émotion intérieure, celle-ci se laissa languissamment tomber, évanouie, sur une chaise.

« Un groupe de trois cents personnes entourait le théâtre de ce scandale, qui ne fit qu'augmenter encore : car, au moment où la *robe de soie* soulevait son voile pour respirer un peu l'air, plusieurs exclamations d'étonnement s'élevèrent simultanément du groupe nombreux qui l'entourait :

« Madame la comtesse Ol.... ! s'écriait-on. »

« La comtesse Ol., criait plus haut que tout le monde la petite Rose, qui reconnaissait aussi celle qu'elle prenait pour une rivale, la comtesse Ol... » Et là-dessus elle commença, en s'adressant tout à coup à la comtesse et à son cavalier, une litanie d'ironiques révélations qui mettait dans une joie sans égale la foule des lorettes et des grisettes qui s'étaient juchées sur des chaises pour ne rien perdre de ce qui se disait :

« Comment ! s'écriait la *robe d'indienne* tout enorgueillie de son succès, comment, c'est vous, Madame, qui avez eu le *toupet* de m'enlever mon amant ! » Et à celui-ci : « Comment ! c'est pour un pareil *masque* que ce nigaud-là me fait des traits ! — Mais je la connais, moi, sa comtesse : elle est âgée comme le Pont-Neuf.

(Cris et bravos à la galerie.)

« Ah ! dit Rose encouragée, en mettant les yeux sous le nez de sa rivale, — vous ! une femme comme il faut ! vous venez ici pincer votre cancan en cachette avec les petits jeunes gens ! C'est du beau, merci ! — Si je le disais à monsieur votre époux, qui me pince le menton quand je vais vous essayer vos robes, qui me donnent un mal, Dieu sait, car vous êtes faite comme un panier, *m'am* la comtesse ; hein, qu'est-ce qu'il dirait votre cher et tendre ?... Il vous distribuerait un régiment de taloches, que Jupiter en prendrait les armes ; — et que ça serait bien fait donc ! »

(Enthousiasme impossible à décrire parmi les spectateurs. — Un vaudevilliste tire son calepin et prend des notes.)

« La *robe de soie* veut parler à son cavalier, qui semble atterré auprès d'elle ; mais la parole expire sur ses lèvres, et elle demeure immobilisée.

« Eh bien, s'écria la *robe d'indienne*, elle va se trouver mal, la belle dame..... — Dis donc, toi, A....., paye-lui donc quelque chose à cette pauvre créature...»

« Interrompu par les sergents de ville, demain nous donnerons la suite, — s'il y en a une. »

. . . .

Le dimanche suivant, tous les courriers de Paris répétèrent l'aventure avec mille variantes plus plaisantes les unes que les autres. — Ce fut un scandale tiré à 150,000 exemplaires.

X

Madame Olympe fut très malade pendant quinze jours, et ne voulut recevoir personne. Quand elle fut rétablie, elle partit pour l'Italie.

La veille de son départ, elle reçut un pli cacheté, dont l'écriture la fit tressaillir. Il contenait le manuscrit et l'épreuve imprimée de l'article sur madame de Marènes, qu'elle avait envoyé au journal satirique. En marge de cette épreuve, elle lut ces lignes :

« Il est inutile, Madame, d'attendre encore l'explosion de votre petit brûlot diffamatoire; il a été suspendu par *ma censure*. Rose, à qui j'ai fait la leçon, me charge de vous présenter ses excuses.

« *Signé* A...... »

Madame Olympe fut peu regrettée de ses amis. — Ecrasée sous le coup du ridicule, elle ne trouva plus personne pour la défendre ; et il arrive souvent que, dans les endroits mêmes où elle régnait habituellement de toute la hauteur de son ironie, — son nom devient l'objet des brocards des bouches qui, six mois avant, l'accablaient de leurs protestations.

Quant à son mari, il n'a rien su ou n'a rien voulu savoir de l'aventure qui forçait sa femme à la fuite. — Cloîtré dans sa bibliothèque, il met la main au dernier volume du grand travail historique qui l'occupe depuis vingt ans.

COMMENT ON DEVIENT COLORISTE

A l'époque où la rue Vanneau était en construction, un jeune peintre nommé René vint habiter dans l'une des trois ou quatre maisons nouvellement bâties. Son logement se composait de deux pièces, dont la plus grande, éclairée par un châssis vitré, était disposée en forme d'atelier. Aux murailles étaient suspendues plusieurs toiles achevées ou ébauchées qui semblaient indiquer que les grands coloristes n'avaient pas les sympathies exclusives du maître du logis. En effet, René était un des disciples les plus austères d'une école à laquelle l'art moderne doit l'*Apothéose d'Homère* et la *Stratonice*, deux admirables bas-reliefs antiques que quelques personnes prennent pour des tableaux. René, suivait son maître, non point comme un élève, mais comme une ombre suit un corps ; et, si quelque sentiment d'individualité venait par hasard à s'éveiller en lui, il l'étouffait systématiquement, comme s'il eût craint d'introduire un schisme dans la religion artistique dont il s'était fait le fervent. C'était enfin un de ces hommes, trop humbles ou trop faibles, qui peuvent respirer librement en portant toute leur vie la livrée d'un système d'autrui.

Quoique peut-être passionné pour son art, mais toujours à un degré égal, René se rattachait à cette classe d'artistes dont le talent est plutôt fait de patience et de volonté que d'inspiration ; — gens opiniâtres et laborieux qui n'ont jamais à lutter contre les fièvres du découragement ou contre celles de l'orgueil, — et dont l'esprit, toujours prêt au travail, ne prend jamais le mot d'ordre du cœur.

René n'était pas riche ; mais il pouvait librement se livrer à l'étude sans avoir à redouter les atteintes de la misère, grâce à une pension de douze cents francs qui lui était faite par sa ville natale, jusqu'à l'époque où il serait envoyé à Rome. Il travaillait avec assiduité pour atteindre ce but. Ce revenu certain était encore augmenté par quelques gains provenant des leçons de dessin qu'il donnait dans quelques pensionnats Aussi, parmi ses confrères les rapins il passait pour un capitaliste. C'était au reste un garçon d'une nature tranquille, dont l'existence extrêmement rangée faisait l'édification du voisinage. Il ne recevait que peu de visites, ne rentrait jamais tard et payait fort exactement son loyer, ce dont s'étonnait beaucoup son propriétaire, qui, suivant son expression, avait souvent été *brûlé* par les rapins.

Dans un petit cabinet obscur, ouvrant sur le corridor où était situé l'atelier de René, habitait une jeune fille italienne qui avait pour métier de chanter dans les cafés et dans les restaurants du quartier Latin. Elle avait dix-huit ans et se nommait Chechina Mario. Son père, qui avait jadis eu quelque réputation dans les théâtres secondaires d'Italie, s'était réfugié en France à la suite d'affaires politiques où il s'était, sans le savoir, trouvé compromis. Mais il n'évita la prison autrichienne que pour trouver l'hôpital : car, au bout de quelques années de séjour à Paris, l'air de l'exil le fit tomber malade, et il mourut à l'Hôtel-Dieu. Restée seule dans un pays qui n'était pas le sien, et où elle ne connaissait personne, la fille du vieux Mario continua son métier de bohême, qui lui rapportait juste de quoi ne pas mourir de faim.

Chechina aussi vivait fort retirée et ne recevait jamais de visite. Elle sortait tous les jours, à la même heure, pour aller faire sa tournée, et rentrait ordinairement à minuit. Après la mort de son père, l'orpheline se trouva un peu en retard pour le payement de son modique loyer; et, comme son pauvre mobilier sans valeur n'inspirait pas grande confiance, le portier de la maison lui signifia un soir par ordre du propriétaire que, si la semaine suivante elle n'avait point donné d'argent, elle serait mise à la porte. Le délai expira sans que la jeune fille eût pu s'acquitter. Espérant obtenir un nouveau répit, elle alla elle-même chez le propriétaire. Elle lui expliqua qu'on était encore dans la mauvaise saison, mais que les beaux jours allaient revenir ; qu'il y aurait plus de monde dans les promenades et dans les cafés, que les recettes seraient plus productives, et qu'alors elle serait sûrement en état de le payer. Le propriétaire fut inflexible et ne voulut pas prolonger le délai d'un jour.

« Mais où voulez-vous que j'aille, Monsieur? disait la pauvre fille.

— Ce n'est pas mon affaire.

— Au moins deux ou trois jours, attendez.

— Pas une heure; — je vous ai prévenue; — vous avez jusqu'à demain, — c'est-à-dire toute une nuit. — Demain à midi je tiendrai votre quittance prête, et, si je ne vois pas d'argent, — je fermerai la porte de votre chambre. C'est entendu. — Que diable, en une nuit, une jolie fille comme vous peut bien..... Vous n'êtes pas une sotte. »

Chechina n'entendit point ces grossières équivoques, et les eût-elle entendues qu'elle n'en aurait pas compris le sens. Elle rentra dans sa chambre, et passa toute la nuit à pleurer.

René, qui cette nuit-là travaillait dans son atelier, entendit ces pleurs et ces gémissements. Il eut d'abord l'idée d'aller porter des secours ou des consolations à la douleur qui se lamentait si près de lui. Mais, l'heure étant déjà avancée, il renonça à cette idée. Seulement, le lendemain matin, il s'informa auprès de sa femme de ménage, qui était ordinairement au fait de tout ce qui se passait dans la maison. Madame Jean lui apprit l'histoire de la petite chanteuse et la situation dans laquelle elle se trouvait.

« De sorte que ma voisine va être mise à la porte, dit l'artiste.

— Mon Dieu, oui, dans une heure ou deux au plus tard », répondit madame Jean.

René alla ouvrir un tiroir où il mettait son argent ; il y prit la somme réclamée par le propriétaire, et monta le payer. — Le propriétaire sourit en donnant sa quittance ; et, en reconduisant l'artiste, il lui dit tout bas :

« La chambre de la petite est mitoyenne avec votre atelier, on pourrait y percer une porte. »

René ne répondit pas. Il redescendit chez lui et envoya sa femme de ménage porter la quittance acquittée à Chechina.

« Vous lui direz qu'elle n'ait plus à s'inquiéter. — L'affaire est arrangée », ajouta René ; et il sortit brusquement pour se rendre à l'atelier de son maître.

Chechina resta étourdie quand madame Jean vint lui annoncer l'heureuse nouvelle.

« Mais, dit-elle, comment cela se fait-il ? Je ne connais pas ce monsieur, et il ne me connaît pas. Je ne crois pas même que nous nous soyons jamais vus. Qui a pu lui apprendre ma situation? et d'où vient l'intérêt qu'il me porte?

— C'est tout simple, ça, dit la femme de ménage ; M. René vous a entendue pleurer toute la nuit dernière ; il s'est informé auprès de moi ce matin ; je lui conte votre histoire, que le portier m'avait contée ; alors M. René a eu pitié de votre malheur, et il a été payer le propriétaire. Tout ça va sûrement faire des cancans dans la maison. Un jeune homme qui oblige une jeunesse, quand elle est sa voisine, et jolie par-dessus le marché, vous comprenez qu'on ne peut pas faire autrement que d'en jaser. Moi, je vous conseille de laisser dire : M. René est un excellent jeune homme, il a bon cœur, et voilà tout. Cependant, s'il y avait des intentions, vous m'entendez, ma petite, eh bien ! franchement, là, entre nous, vaudrait autant que ce soit lui qu'un autre ; c'est un garçon économe, rangé, qui a du talent comme tout, et vous pourriez certainement, même en choisissant, tomber beaucoup plus mal. Après ça, ma petite, ce que je vous en dis n'est pas pour vous influencer ; et, au fait, je ne sais pourquoi je vous parle de ça : M. René ne vous connaît pas, et *se peut* qu'il n'ait agi que par charité.

— Par charité ! dit l'Italienne avec un regard plein de fierté. — Mais je verrai ce monsieur, — je le remercierai de ce qu'il a fait pour moi, sans me connaître, par charité, comme vous dites, Madame ; et il faut bien croire que je ne serai pas toujours si malheureuse, — je lui rendrai l'argent qu'il a donné pour moi. — C'est bientôt Pâques et le soleil ; j'irai chanter le dimanche aux Champs-Élysées : il y a du beau monde, et on y gagne beaucoup plus que dans ce quartier-ci. »

Le soir, Chechina laissa ouverte la porte de son cabinet pour apercevoir l'artiste et lui parler quand il passerait dans le corridor ; mais elle attendit vainement toute la nuit, René ne rentra pas chez lui. Le matin, madame Jean fut toute surprise, en venant pour faire le ménage, de voir que le lit d'était pas défait. « Tiens, tiens, dit-elle avec un sourire malicieux, s'il n'est pas chez lui, — de si bonne heure, — c'est qu'apparemment il est *ailleurs*. » Et elle alla frapper à la porte de Chechina. Comme on ne lui répondit point et que la porte n'était pas fermée, elle entra, et aperçut l'Italienne qui dormait tout habillée sur son lit.

« Et M. René, — dit madame Jean après avoir

jeté un regard inquisiteur dans tous les coins de la chambre, — est-ce qu'il est déjà parti?

— Que voulez-vous dire, Madame? répondit Chechina. Je n'ai pas encore vu M. René, et j'en suis bien fâchée, — car je voudrais lui parler. — Je l'ai attendu toute la nuit. Mais au matin il n'était pas encore rentré.

— C'est bien extraordinaire, ça, — fit madame Jean. — Depuis que je le connais, c'est la première fois qu'il lui arrive de passer la nuit hors de chez lui. — Est-ce qu'il lui serait arrivé quelque accident, par hasard? Il faut que j'aille à son atelier pour savoir des nouvelles.

— Oh! Madame, fit l'Italienne en hésitant à parler, si vous aviez occasion de repasser ici, auriez-vous la bonté de monter jusque chez moi! — S'il était arrivé un accident à M. René, j'en serais bien désespérée.

— Si vous êtes inquiète, dit la femme de ménage, venez avec moi — jusqu'à l'atelier. — Comme ça vous saurez tout de suite ce qui en est.

— Je vous suis, Madame », dit la jeune fille en jetant à la hâte un châle sur ses épaules.

7

En arrivant sur le quai, madame Jean, suivie de Chechina, aperçut de loin René qui sortait de la cour de l'Institut, où était situé l'atelier de son maître. L'artiste donnait le bras à une jeune femme mise assez singulièrement, qui sautillait comme une chèvre et riait tout haut en faisant toutes sortes de mines.

« Tiens, nous arrivons bien, dit madame Jean en montrant René qui venait devant elle. Voilà M. René.

— Où cela? demanda Chechina.

— Là-bas, — devant nous, — ce jeune homme qui est avec cette dame si drôle; — je la reconnais, c'est *une* modèle. »

Chechina lâcha le bras de la femme de ménage, — qui rejoignit René et lui parla quelques instants.

Lorsque madame Jean vint retrouver Chechina, elle la trouva tout agitée.

« Qu'avez-vous, ma chère? lui demanda-t-elle.

— Rien, fit l'Italienne. — Et M. René, il ne lui est pas arrivé d'accident heureusement?

— Non, dit madame Jean. Seulement, il m'a prévenue qu'il ne rentrerait pas ce soir, ni demain, ni même après peut-être.

— Ah! fit Chechina... Elle est jolie cette dame qui est avec M. René.

— Ouh! ouh! fit madame Jean. C'est leur état à ces femmes-là. Les peintres s'en servent pour les mettre dans leurs tableaux. C'est comme qui dirait des outils. Mais, dans le fond, c'est pas grand'chose de bon, allez.

— Est-ce qu'il vous a parlé de moi, M. René?

— Parlé de vous? Non; pourquoi?

— Je croyais... comme il m'a vue avec vous.

— Il ne vous a pas aperçue, ma petite; et quand même il vous aurait vue... — puisqu'il ne vous connaît pas.

— Vous ne lui avez donc pas dit que je vous accompagnais? dit Chechina.

— Mais vous ne m'aviez pas chargée de le lui dire, répondit la femme de ménage.

— C'est vrai, fit Chechina; — alors il ne sait pas que je l'ai attendu cette nuit.

— Non. — Mais qu'est-ce que cela fait? — il reviendra... Vous êtes gens de *revue*, comme on dit. »

Et madame Jean laissa Chechina, qui, de son côté, retourna chez elle.

Chechina avait dix-huit ans : c'était une admirable

créature, et, au milieu de sa misère même, elle resplendissait comme ces chefs-d'œuvre à qui la pauvreté de l'artiste n'a pu donner qu'un méchant cadre de bois.

Née d'un père vénitien et d'une mère sévillane, Chechina, bien qu'elle offrît dans sa nature quelque chose de ces deux contrées, paraissait pourtant plutôt fille d'Espagne que d'Italie. Enfant, elle avait trempé ses deux pieds dans les eaux du Guadalquivir et couru les cimes escarpées des Sierras. Adolescente, elle avait erré sur les plages d'Ischia, vu le Vésuve et respiré l'harmonie dans l'air mélodieux qui souffle au Pausilippe en agitant les lauriers du tombeau de Virgile. Jeune fille, elle avait, pendant quatre ans, dormi dans les cellules d'un cloître du Tyrol, moitié allemand; et, au contact de ses compagnes, dont un grand nombre étaient nées au delà du Rhin, Chechina avait mêlé la rêveuse poésie germanique aux vivacités de son sang méridional. Plus tard elle avait suivi à travers l'Italie, dans leurs courses aventureuses, son père et sa mère. Elle avait agenouillé sa piété fervente devant les chapelles flambantes de Saint-Marc, et couru le *Corso* de Rome pendant le carnaval; novice, devenue bohême pour obéir à la nécessité, elle avait, à quinze ans, quitté le voile pour les oripeaux du théâtre. Elle avait figuré dans les chœurs à *San-Carlo*, à la *Fenice* et à la *Scala*.

Maintenant elle vivait misérablement, en courant les boues de Paris sous un soleil poitrinaire. Elle vivait seule et triste, fière et pauvre, chaste et belle. Mais, quoique transplantée dans la terre d'exil, elle était restée dans toute la splendeur de sa jeunesse, la fleur dorée au soleil des zones ardentes. Sa beauté, qui devait plus tard fournir à l'art un type célèbre, rappelait surtout les vierges mondaines qui peuplent les bruns paradis des peintres de l'école espagnole, et au front desquelles le nimbe chrétien de Marie sied moins que ne ferait la couronne amoureuse d'une déesse païenne.

Cependant, malgré cette vie accidentée, après avoir traversé les cloîtres et les coulisses, Chechina était vierge comme Ève avant le premier baiser d'Adam, et innocente comme elle avant son dialogue avec le serpent. Jusqu'alors toutes ses virginités avaient, sans le moindre instinct d'éveil, sommeillé au fond de son ignorance.

Pourtant, depuis son séjour à Paris, elle était forcée d'exister au milieu des centres où la corruption est la plus contagieuse. Quand elle faisait son métier dans les cafés et les restaurants du quartier Latin, ceux qui les fréquentent ne mettaient pas exprès pour elle de sourdines à leurs expressions. Elle assistait souvent à ces grossières comédies de l'amour qui s'ébauchent le soir, dans la fumée des tabagies, entre des jeunes gens dont le cœur est descendu dans le ventre ou remonté dans l'esprit, et des femmes dont la jeunesse n'a pas duré plus longtemps que la première robe de soie pour laquelle elles se sont jetées à corps et à cœur perdus dans les plus sales boues du vice. Chechina regardait, sans comprendre, ces galanteries équivoques ; sans comprendre, elle écoutait ces refrains où des rimes obscènes cliquetaient au bout d'un vers boiteux, et dont les bruits rauques étouffaient les douceurs de ses chansons. Plus d'une fois on avait chuchoté à son oreille des madrigaux qui sentaient l'alcool, ou jeté dans sa quêteuse une aumône qu'enveloppaient des billets libertins. Et chaque soir, pourtant, Chechina rentrait dans sa misère solitaire, sans qu'aucune des paroles qu'elle avait entendues eût troublé un seul moment la limpidité de sa pensée, — éveillé la curiosité de son esprit, ou dérangé l'immobilité de son cœur.

Mais l'heure devait arriver où sa jeunesse viendrait lui révéler spontanément tout ce qu'elle ignorait encore des choses de la vie. Et cette heure arriva en effet.

Après cette recontre, où elle avait vu René sans que l'artiste l'eût aperçue, Chechina rentra chez elle. Mais, en se retrouvant dans cette chambre qu'elle avait failli quitter la veille, la jeune fille fût singulièrement émue. Il lui semblait qu'elle n'était plus la même, et qu'elle vivait dans un air nouveau. Voulant s'étourdir un peu, elle essaya de chanter, mais elle ne le put pas longtemps. Comme malgré elle, toutes les chansons qui lui revenaient dans la mémoire parlaient de l'amour, de ses joies et de ses douleurs. Jusque-là ces chants ne produisaient aucune impression sur Chechina; elle les répétait avec la fidélité d'un instrument, sans peine comme sans plaisir; — mais cette fois ils lui causaient plaisir et peine. En sortant de sa bouche ils tombaient dans son cœur et y éveillaient un essaim confus de pensées tumultueuses. Mais il en était une surtout à laquelle son esprit s'attachait particulièrement, malgré la vague douleur qu'elle éprouvait. — C'était l'idée de savoir René avec une autre femme.

Chechina entrait par la jalousie dans l'amour, et par l'amour dans la vie.

Ainsi qu'il l'avait annoncé, René ne revint pas chez lui le lendemain ni le surlendemain. Il était allé aider son maître dans des travaux que celui-ci achevait au château du duc de L..... Quant à la femme avec qui on l'avait rencontré, c'était en effet un modèle que son maître l'avait chargé de lui amener. — Mais, pour Chechina, cette femme restait une rivale, et la jeune fille, acharnée dans cette idée de rivalité, en torturait son amour naissant. Alors elle se rappelait le service que René lui avait rendu, sans la connaître, — sans la prévenir, par un seul instinct de charité; et la fierté native de Chechina se trouvait blessée. — Une espérance calmait pourtant, par moments, la douleur que la jeune fille attisait sans cesse. Elle pensa qu'à son retour René viendrait la voir et s'expliquerait à propos du payement du loyer. — Mais, après quelques jours d'absence, l'artiste était rentré chez lui et n'avait point parlé à Chechina, — n'avait même pas cherché à la voir. — Le lendemain du retour de René, Chechina guetta au passage la femme de ménage de l'artiste. — Elle l'interrogea avec un langage rusé, qu'elle n'aurait point eu quelques jours avant, et lui demanda si René lui avait parlé d'elle.

« Aucunement, répondit madame Jean. — Au reste, je ne l'ai vu qu'un instant ce matin ; — comme j'arrivais chez lui, la dame avec qui nous l'avons rencontré l'autre jour est venue le chercher ; ils sont sortis ensemble. »

Cette révélation plongea encore plus avant le cœur de Chechina dans les rouges enfers d'une jalousie qui irrita jusqu'à l'exagération son amour-propre déjà si irritable. — Elle passa une nuit horrible, mettant son esprit à la torture pour trouver un moyen de rendre à René l'argent qu'il avait avancé pour elle, et s'efforçant de croire que, ce service étant le seul lien qui l'attachât à l'artiste, elle ne songerait plus à lui une fois qu'elle aurait pu s'acquitter de ce qu'elle considérait maintenant comme une dette. Un matin, brisée par la fatigue, elle s'endormit le sourire sur les lèvres : elle avait trouvé son moyen.

Le lendemain, — comme René entrait dans l'atelier

7.

de son maître et se disposait à travailler, une jeune fille assez pauvrement vêtue entrait aussi, et, tout en baissant les yeux devant les dix jeunes gens qui se trouvaient réunis là, — demanda si l'on n'avait pas besoin d'un modèle.

« Qui vous envoie ici, Mademoiselle? demanda René en l'examinant avec curiosité.

— Personne, dit-elle ; je viens de moi-même.

— Dans quels ateliers travaillez-vous ordinairement? demanda un autre.

— Je n'ai jamais été dans aucun atelier, répondit-elle. Je sais seulement que celui-ci est un des plus célèbres, c'est pourquoi j'y suis venue. »

Tous les peintres avaient quitté leurs chevalets et s'étaient rangés autour de l'étrangère, qu'ils examinaient avec curiosité.

« Elle est donc crânement bien dessinée, qu'elle veut débuter ici? dit un des rapins.

— Messieurs, dit un autre, nous connaissons tous par cœur les femmes qui posent ici ; — nous pourrions bien, ce me semble, sortir un peu des Clara, des Adèle, des Séraphine et autres créatures de la dynastie Salomon ou David

— Vous êtes juive, Mademoiselle? demanda René.

— Non, Monsieur, — je suis de Naples. Mon père était Vénitien et ma mère Espagnole.

— Fichtre! murmura un élève tombé en admiration. — Murillo croisé de Véronèse, — des gens à poils, quoiqu'ils ne soient pas les amis de la maison.

— Vous voulez entreprendre un état bien fatigant, Mademoiselle, dit René.

— Je suis jeune, et je suis forte, répondit la jeune fille.

— C'est qu'avant de nous entendre, il faudrait que nous vous vissions », murmura René à voix basse.

Le visage de la jeune fille se colora subitement d'une teinte pourpre.

« Mon Dieu! dit un autre élève, — ce n'est point que nous mettions en doute votre beauté, qui paraît admirable; — mais c'est l'usage..... Il faut que nous sachions à quelle école votre *nature* appartient.

— Je ferai ce qu'il faudra faire », dit la jeune fille en ôtant son châle et son chapeau.

Sur un geste de René, les élèves s'étaient retirés dans le fond de l'atelier. La jeune fille semblait encore hésiter; mais, en voyant entrer dans l'atelier une autre femme, qui resta étonnée sur le seuil, elle déboucla vivement sa ceinture.

« Tiens, tiens! dit la nouvelle venue en s'adressant à l'étrangère, la guitare ne va donc plus, ma chère, que nous donnons dans la plastique?

— Qu'est-ce que tu veux dire, Clara? demanda René.

— Parbleu, répondit le modèle, c'est bien clair : Mademoiselle est une virtuose célèbre dans le quartier; elle chante comme plusieurs rossignols, et je lui ai donné un sou bien souvent. Pas vrai, ma petite? Aussi je ne trouve pas gentil de sa part qu'elle vienne justement ici pour me faire concurrence. Ah mais! continua Clara. Au fait, qui est-ce qui l'a envoyée ici? Je parie que c'est vous, René.

— Moi? non! Pourquoi cela? répondit l'artiste.

— Parce que vous devez la connaître, puisqu'elle demeure dans votre maison. Je l'ai rencontrée hier dans votre corridor; faites donc l'ignorant un peu. »

René regarda la jeune fille... Elle pâlissait à vue d'œil.

« Par grâce, Monsieur, dit-elle à l'artiste, emmenez-moi d'ici. »

Le soir, Chechina, assise auprès de René, lui racontait son histoire jusqu'au jour où elle l'avait connu, et la métamorphose qu'elle avait éprouvée depuis qu'elle le connaissait. — Sans balbutier d'une syllabe, et avec toute l'audace de sa naïveté, elle raconta son amour, sa jalousie, et les blessures faites à son orgueil.

« Mais pourquoi vouliez-vous vous faire modèle ? — demandait René.

— Hélas ! répondit elle, vous m'aviez obligée, et vous ne vouliez pas même recevoir un remercîment ; j'étais offensée, et je ne pouvais supporter cette idée que vous m'aviez secourue avec indifférence, comme on fait l'aumône à un pauvre. Je ne voulais rien vous devoir, à vous qui vous refusiez à ma reconnaissance. Mais, comme il fallait trop de temps dans mon état pour amasser la somme que vous aviez avancée pour moi, j'ai voulu la gagner par un autre moyen. C'est votre femme de ménage qui, sans le vouloir, m'en a donné l'idée en me parlant de cette demoiselle avec qui je vous avais rencontrée, et que je croyais votre maîtresse. Voilà comment vous m'avez vue tantôt à votre atelier. — Mais j'étais bien honteuse.

— Et maintenant, fit René..., dont le cœur et l'enthousiasme commençaient un peu à s'allumer aux flammes chaudes qui sortaient des regards de la belle fille, me considérez-vous encore comme un créancier?

— Maintenant, répondit Chechina, — c'est bien différent. — Vous êtes mon ami. — Puisque vous n'aimez pas Clara, — je ne me presserai pas tant. »

..... Un mois après, René apporta à l'atelier de son maître une magnifique étude peinte, représentant Vénus sortant des flots. — En voyant ce quasi-chef-d'œuvre, tous les élèves poussèrent un hosanna d'admiration.

« De qui ça? dit tout à coup le maître de René, qui venait d'entrer.

— De moi, Monsieur, répondit René.

— De vous? — fit le grand artiste..... de vous? Vous êtes bien sûr? — Eh bien! vous m'étonnez. Je ne m'attendais pas à cela — de vous : — vous faisiez le sournois, à ce qu'il me semble. »

René hésita un instant avant d'oser répondre à son maître, qui examinait avec une attention de plus en plus étonnée cette belle peinture, qui, pour être conçue dans un autre esprit que celui de son école, n'en était pas moins appréciée par cet illustre artiste. —

Après avoir longtemps examiné l'œuvre de René, il murmura en lui-même : « Allons..... encore un qui passe à l'ennemi. »

« J'avais espéré que vous voudriez bien me donner quelques conseils, Monsieur », dit René en balbutiant.

Son maître sourit, et, avec une douce ironie, répondit en lui serrant amicalement la main :

« Des conseils à vous ?..... Un de ces jours, c'est moi qui irai vous en demander..... » Et il sortit.

« Qu'est-ce-que cela signifie? fit René quand il se trouva seul avec ses camarades.....

— Parbleu ! dit un des rapins en considérant le tableau de plus près, — il me semble reconnaître cette Vénus-là..... elle a joué de la guitare.

— C'est possible, répondit René .... mais vous ne l'entendrez plus en jouer, Messieurs. »

UNE VICTIME DU BONHEUR

— CONTE FANTASTIQUE —

I

MISE EN SCÈNE.

Madame la comtesse Céleste de Vauxchamps, qui était alors penchée à sa fenêtre, se recula tout à coup avec le geste effrayé d'une femme qui aperçoit une araignée ; puis, se laissant tomber sur un fauteuil, où elle demeura comme immobilisée par la terreur, elle s'écria :

« Ah ! mon Dieu ! »

Le comte, très occupé à boutonner son gant, se retourna au cri de sa femme, et, s'approchant d'elle, il lui dit doucement :

« Qu'avez-vous, Céleste ? »

La comtesse leva sur son mari ses beaux yeux, et d'une voix faible elle lui répondit :

« Il va pleuvoir. »

Le comte courut à la fenêtre, et dans le ciel, dix minutes auparavant d'une sérénité éblouissante, il vit s'avancer de grands nuages noirs pareils à des fantômes aériens. Au même moment, un violent coup de tonnerre ébranla l'immensité, et de larges gouttes d'eau tachèrent la cour sablée de l'hôtel. Le comte ferma la croisée avec violence, et, se retournant près de la cheminée, il agita une sonnette.

Un domestique se présenta.

« Faites dételer, lui dit M. de Vauxchamps, nous n'irons pas à la campagne. »

Puis, se rapprochant de sa femme, devenue plus pâle à mesure que le temps devenait plus sombre, il lui dit d'une voix brève qui semblait étrangler ses paroles :

« Vous avez raison, Céleste, — il va pleuvoir. »

Et il se mit à marcher à grands pas dans l'appartement. Comme il passait devant une glace, sa femme aperçut son visage tout décomposé. Un étrange sourire plein d'ironie effleura ses lèvres blêmes, et, levant le poing vers le ciel, il s'écria :

« Enfin !...

— Qu'avez-vous, Félix ? lui demanda sa femme avec inquiétude.

— Ne m'appelez plus de ce nom, il va devenir une ironie », répondit le comte.

Et, s'asseyant près de la comtesse, il demeura, comme elle, muet et morne, dans l'attitude d'un homme subitement frappé des foudres de la fatalité.

II.

DIGRESSIONS

Comparée à la cause futile qui lui donne naissance, on pourra trouver plus qu'étrange la scène par où commence cette histoire. En effet, un orage d'été qui éclate soudainement et surprend une partie de campagne, il n'y a pas là matière suffisante à de sérieuses alarmes, et la syncope de madame Céleste de Vauxchamps, ainsi que les anathèmes de son mari, pourront paraître des enfantillages tout au plus excusables dans l'intimité conjugale.

Pourtant, nous répondrons que ce caprice atmosphérique, qui peut, lorsqu'il est imprévu, exciter une contrariété passagère, avait pour le comte et sa femme toutes les proportions d'un événement.

Pour eux, ces nuages sombres étaient gonflés de désastres ; pour eux, les éclairs qui déchiraient le ciel étaient des caractères enflammés, où ils lisaient une prophétie effrayante comme celle du festin biblique ; et dans les sourds éclats du tonnerre ils entendaient distinctement les grondements de la fatalité qui s'approchait d'eux.

Et cependant, au moment même où le comte et sa femme demeuraient terrifiés en face d'un accident aussi vulgaire, on disait d'eux, en vingt endroits différents, qu'ils étaient les gens les plus complétement heureux qui fussent au monde.

Envieux ou de bonne foi, ceux qui disaient cela avaient raison — en même temps qu'ils avaient tort ; attendu que le mieux est l'ennemi du bien, et qu'être trop heureux, c'est commencer à ne plus l'être. — Paradoxe ! allez-vous dire, Monsieur, — ou Madame : les paradoxes sont des vérités — en costume de carnaval, ce qui fait qu'on ne les reconnaît pas tout dabord. Au reste, si vous voulez nous suivre, vous en verrez bien d'autres dans les chapitres prochains.

III

FÉLIX.

Le comte Félix de Vauxchamps avait eu pour marraines toutes les fées bienfaisantes aux miracles desquelles nous avions jadis une foi si naïve. Car (encore une digression), dès le berceau, et comme pour l'habituer aux désillusions, les premières choses qu'on fait croire à l'homme sont des mensonges.

L'enfance de Félix s'était entièrement écoulée sous

le calme regard de sa mère, qui avait toujours dit oui à ses caprices; et s'était constamment préoccupée de prévoir ses désirs, pour qu'il n'eût pas à les exprimer par des larmes. Aussi les ignorait-il : car jamais le jouet qu'il enviait ne s'était fait attendre, jamais celui qu'il préférait ne s'était brisé. A huit ans, on le mit dans un collége. Le bonheur l'y suivit, et lui fit traverser les classes grecques et latines sans qu'il laissât une heure de récréation à leurs buissons épineux, sans qu'il se heurtât une seule fois à ces deux ennemis des écoliers, le pensum et le pain sec. Dans les luttes scolaires, où les enfants qui se préparent à devenir des hommes ont mille occasions de développer leurs mauvais instincts, et de s'essayer à l'envie ou à la haine, Félix n'éveilla aucune de ces inimitiés précoces dont on se souvient si longtemps. Jamais il ne fut trompé dans ses premières affections. Aussi, à quinze ans, s'avançait-il vers la jeunesse, les bras tendus et le cœur tout gonflé d'espérances.

Quand il eut atteint sa majorité, on le mit en possession de sa fortune, — une clef d'or avec laquelle il pouvait ouvrir l'impossible.

Il entra dans la vie avec toute l'impatience d'un ignorant qui veut savoir. Le bonheur le suivit encore, et il trouva les réalités aussi belles que ses rêves. Toutes les passions lui tendirent leurs coupes enchantées, et il but jusqu'au fond sans trouver aucune amertume. Toutes ses espérances lui tenaient leurs promesses, et tous les obstacles se dérangeaient pour laisser passer sa fantaisie.

Son premier amour avait été ce qu'est toujours un premier amour, — un essai du cœur, — une histoire à la fois niaise et charmante comme une idylle allemande. Sa maîtresse, qui avait comme lui toutes les ignorances et toutes les virginités, ne fut longtemps que son amante; ils s'apprirent l'un à l'autre à aimer, se quittèrent quand ils le surent, et leur séparation fut aussi douce que l'avait été leur rencontre.

En sortant de cet amour, Félix rencontra l'ambition. Il s'enferma chez lui pendant six mois et écrivit un livre. Huit jours après sa publication, il était célèbre : les critiques les plus féroces firent l'éloge de son œuvre, et lui crièrent tous les matins dans leurs journaux qu'il était un grand homme. Il se lança dans le monde littéraire, et y fut accueilli sincèrement et franchement; son succès, quoique spontané et obtenu sans l'appui d'aucune coterie, n'avait soulevé aucune jalousie et n'avait froissé aucun orgueil individuel ; — aussi ses amis criaient-ils au miracle.

Félix devint le héros du monde parisien. Le mot spirituel qu'il avait dit dans un salon circulait deux heures après dans tous les autres. Quoi qu'il dît ou qu'il fît, il avait raison dans tout et partout. Où cent autres se fussent piqués au ridicule, — il rencontrait une nouvelle sympathie ; ses plus folles excentricités paraissaient naturelles, et il aurait mis des habits rouges que personne n'aurait songé à en rire.

Jamais il n'avait rencontré un enterrement en sortant du bal.

Jamais un mendiant affamé ne lui avait tendu la main sur le seuil d'un riche hôtel où l'attendait un banquet splendide.

Jamais une femme laide et vieille ne l'avait heurté dans la rue lorsqu'il venait de voir une femme belle et jeune.

Enfin, depuis vingt ans qu'il était au monde, le bonheur ne l'avait pas quitté. — Tout ce qu'il touchait était or, tout ce qu'il voyait était beau, tout ce qu'il faisait était bien.

IV

LA CHASSE AU MALHEUR.

Cependant Félix commençait à s'inquiéter de cette félicité obstinée qui ne lui laissait pas le temps de formuler un désir pour le réaliser. Cet éternel azur le fatiguait; il cherchait un point d'ombre pour reposer sa vue, il désirait une contrariété quelconque qui pût rompre un instant la chaîne de ses prospérités. Vaine attente, — son ciel restait toujours au bleu fixe.

Un jour, Félix pensa qu'il avait dépisté son heureux destin. Au milieu d'une réunion d'amis, il crut voir jaillir une insulte du choc de deux contradictions; il riposta par une insolence aiguë, qui fut relevée par une autre.

Une rencontre fut décidée. C'était le premier duel de Félix.

Toutes les dispositions lui furent favorables; le sort avait désigné le pistolet, et il y était de première force.

Au moment où l'on donnait le signal du combat, le

soleil, démasqué par un nuage, frappa en plein dans les yeux de son adversaire, qui tremblait — et fit feu au hasard.

Félix était de sang-froid.

Il avait au bout de son arme la vie d'un homme et un remords.

Dieu le lui épargna. — Il manqua son adversaire.

Un matin, un de ses amis le vit monter en chaise de poste.

« Où vas-tu donc? lui demanda-t-il.

— Mon cher, je vais faire le tour du monde, et ce sera bien le diable si je ne trouve pas un malheur en route », répondit Félix en riant.

Mais il ne trouva rien, sinon quelques jouissances inconnues et quelques plaisirs nouveaux.

« Serait-ce, se dit-il en revenant, que le malheur est une maladie contagieuse, et qu'il faille vivre parmi des malheureux pour le devenir? — Essayons. »

Il prit un nom vulgaire, se revêtit de mauvais habits, et alla demeurer dans un quartier dont les habitants paraissaient tous courbés sous le poids des fléaux humains.

La maison qu'il avait choisie était la plus lépreuse

de toutes : c'était un cloaque où le soleil n'avait jamais pu pénétrer. Mais dans cette horrible habitation vivait une peuplade de laborieux artisans qui chantaient du matin au soir.

La première nuit qu'il passa dans cette maison, Félix fut distrait par un bruit de voix ; — il prêta l'oreille, — et il entendit son voisin qui était en train d'égrener des rimes d'or en l'honneur de quelque beauté — idéale.

Le lendemain matin il se mit à sa fenêtre, et vit en face de lui une belle jeune fille, rose et fraîche comme une figure de Greuze. En apercevant son nouveau voisin, elle lui fit un sourire d'étonnement.

Le jour suivant, ce fut Félix qui guetta sa belle voisine.

Celle-ci s'appelait Félicité ; elle avait le cœur sur la main, et tendit la sienne à Félix, qui n'eut point le courage de la refuser.

Il avait fait aussi connaissance avec son voisin le rimeur, et avait trouvé en lui une nature généreuse et un talent qui lui étaient complétement sympathiques.

Au bout de six mois, Félix quittait cette maison hideuse où il était venu chercher le malheur, et où il avait trouvé un nouvel ami et un nouvel amour.

« Le malheur serait-il dans la misère? se dit-il un autre jour : ruinons-nous ! »

Il jeta la moitié de sa fortune dans une spéculation plus que douteuse, et courut à Bade risquer l'autre moitié sur un tapis vert!

En le voyant entrer, — la chance vint s'asseoir à côté de Félix.

Il fit sauter la banque.

De retour à Paris, son notaire lui apprit qu'un vote de la Chambre venait de convertir en une excellente affaire la spéculation douteuse dans laquelle il avait placé ses fonds.

« Vous êtes bien heureux, lui dit-il; dans six mois vos capitaux pourront être doublés.

— Courez donc vite les retirer, lui dit Félix, je suis assez riche. »

« Où donc est le malheur? demandait-il à ses amis. Je me lasse de courir après et je ne peux pas l'atteindre.

— Attendez-le, lui répondait-on; — il viendra.

— Qu'il vienne donc, reprit Félix ; la clef est sur ma porte. »

« Parbleu ! s'écria-t-il un jour qu'il était en veine d'ironie, je n'ai plus qu'une chance d'être malheureux.

— Laquelle ? lui demanda le poëte Raymond, son ami.

— C'est de me marier. — Ou je me trompe fort, ou mon heureuse destinée me quittera le jour de mon contrat de mariage.

— Qui épouseras-tu ? lui demanda Raymond en riant.

— Je n'en sais rien, reprit Félix ; je ne veux pas choisir ma femme moi-même : j'ai la main trop heureuse. C'est le hasard que je charge de ce soin. J'épouserai la première jeune fille qui entrera ce soir dans le salon de ma tante. Viens m'y retrouver. »

« Décidément, mon ami est fou », pensa Raymond. Néanmoins, il vint le soir même au rendez-vous que lui avait donné Félix.

Ils se mirent tous deux dans un coin du salon, et braquèrent leur lorgnon sur la porte d'entrée.

« Voyons comment le hasard fera son métier », dit Félix.

Après plusieurs introductions, un valet annonça :

« Monsieur et Mademoiselle de Marènes. »

« Voilà ma femme, dit Félix. — Je vais l'inviter pour le premier quadrille. » Et il laissa Raymond aux prises avec les joueurs de whist.

Une heure après, Félix avait rejoint son ami. « Dans un mois la noce, lui dit-il ; ma tante va faire demain les ouvertures matrimoniales. — Je lui ai persuadé que j'étais follement amoureux de mademoiselle Céleste de Marènes... »

Raymond demeura stupéfié.

« Mais, dit-il à Félix, tu ignores donc que mademoiselle Céleste est l'antithèse de son nom ? C'est un diable aux cheveux blonds.

— Roux, murmura Félix.

— Sa langue est un dard.

— Je le sais, elle m'a piqué deux fois.

— Elle porte des robes longues pour cacher ses pieds fourchus.

— Et des robes rouge vif pour vous crever les yeux, — reprit Félix ; — je la connais parfaitement. C'est une fille d'Ève, pur sang, qui me paraît avoir un appétit capable de croquer toutes les pommes du monde, — les pepins avec. — Elle m'a dit tout à l'heure, entre deux parenthèses, des choses à faire dresser les cheveux sur la tête de l'homme qui aspire à devenir son mari... — Nous avons les goûts les plus opposés en toutes choses. Elle aime Raphaël, — tu sais mes préférences pour Rubens ! — Elle adore Rossini, et j'exècre la musique italienne. Et le diable m'emporte..... il m'a semblé qu'elle louchait quelque peu. — Dans un mois la noce.

— Cesse cette folie, reprit Raymond, qui ne pouvait croire que son ami parlait sérieusement. — Ce mariage causerait ton malheur.

— Parbleu, reprit Félix, j'y compte bien. »

V

PLAN DE BATAILLE.

Un mois après, Félix avait épousé mademoiselle Céleste de Marènes, laquelle n'avait d'autres parents au monde que son père, un vieux soldat, qui avait encore du sang de jeune homme dans les veines, et qui, très enchanté de n'avoir plus à s'occuper de sa fille, ne se l'était pas fait demander deux fois.

« Quoi ! dit un jour Félix à sa femme, vous n'avez aucuns parents, — pas même un petit cousin ?

— Mon Dieu non », répondit Céleste en riant.

« Allons, pensa Félix, — ces choses-là n'arrivent qu'à moi. »

Selon l'usage adopté par le grand monde, il avait été convenu que les deux époux quitteraient Paris immédiatement après la consécration de leur mariage ; et Céleste avait manifesté le désir d'habiter une délicieuse campagne que sa grand'mère lui avait léguée, et qui était située en Provence, à quelques pas de la fontaine de Vaucluse.

« C'est un Éden enchanté, avait dit la jeune comtesse à son mari. Ces beaux lieux sont encore pleins du souvenir de Laure et de Pétrarque, qui y ont laissé un vague parfum d'amour et de poésie. Le bonheur doit nous attendre là. — Partons vite. »

Et ils partirent.

Pendant les premiers relais, Félix songea d'abord à modifier le programme charmant tracé par sa femme.

« Il est évident, se disait-il, que je vais être le plus heureux des hommes si je me laisse conduire dans ce paradis provençal. La poésie me montera au cerveau, et l'amour au cœur, peut-être », ajouta Félix en re-regardant Céleste qui s'était endormie, la tête appuyée sur son épaule ; si bien qu'il se sentit agité d'un singulier frisson. — « Mais, continua-t-il toujours en lui-même, il ne s'agit pas de cela. Je ne me suis pas marié pour être amoureux, ni pour être heureux ; — au contraire. »

Et, prenant une bonne résolution, il donna au postillon l'ordre de changer de route. Puis il se frotta les mains en riant, et murmura :

« En tout cas, si je ne puis me soustraire aux félicités de la lune de miel, la mienne commencera par une fière tempête. » Et il s'endormit pour se réveiller le lendemain, très étonné de trouver sa main dans celle de sa femme.

« Voilà qui est singulier, pensa-t-il ; ce n'est bien sûrement pas moi qui l'ai mise. » Et il regarda Céleste, qui, pour cacher sa rougeur, mit sa tête à la portière de la voiture.

« Ah ! mon Dieu ! s'écria la jeune femme, où sommes-nous donc ? Quel affreux pays !

— Bon, dit Félix, — ça commence. »

En effet, ils traversaient alors une abominable contrée, dont tous les sites, empreints d'une désolation profonde, formaient un tableau qu'on eût dit brossé par les rudes et sauvages pinceaux de Salvator.

La voiture marchait lentement au milieu d'une gorge profonde, bordée de chaque côté par de gigantesques rochers, hérissés de buissons roux qui semblaient déchirer les nuages dans leur vol. Sur la cime la plus élevée de cet enfer naturel s'élevait le squelette d'un vieux donjon démembré qui avait dû autrefois être le nid de quelque vautour féodal, et qui depuis semblait être devenu celui des hiboux.

« Quelle sombre ruine ! » dit la comtesse de Vauxchamps en joignant les mains. Et elle ajouta, en regardant autour d'elle et en se voyant cernée par ce morne paysage :

« Comment peut-on vivre ici ?

« Ça va très bien, pensa Félix en écoutant sa femme : l'orage ne peut pas tarder.» Puis, s'adressant au postillon, il lui cria :

« Holà ! Pierre !..... Prenez à gauche..... Par la montée! »

Cinq minutes après la chaise de poste s'arrêtait devant une allée d'ifs séculaires conduisant au manoir en ruines.

VI

D'UN EFFET DE LUNE EN MATIÈRE CONJUGALE.

Un vieux concierge, qui paraissait attendre les deux époux, reçut le comte de Vauxchamps et sa femme, qui demeurait interdite.

« Où sommes-nous donc ? demanda Céleste en entrant dans une espèce de salon où était disséminé un mobilier d'hôtel garni.

— Ma chère enfant, répondit Félix, nous sommes dans un endroit où il s'est accompli plus de drames que sur tous les théâtres réunis du boulevard. Chaque pierre de cette ruine porte une trace de sang, — lugubre signature d'un lugubre événement, — et les habitants des alentours assurent que chaque nuit des ombres éplorées, — victimes ou bourreaux, — reviennent conter les horribles mystères de ce château, auprès duquel le *château d'Udolphe* serait une bergerie.

— Mais encore, reprit Céleste avec un petit mouvement d'impatience, où sommes-nous?

— Chère amie, répondit Félix, vous êtes la châtelaine de céans. — Vous vouliez m'emmener chez vous, — je vous ai amenée chez moi. — Vous m'aviez promis un Éden, et je vous offre un enfer », — qui doit être complet maintenant que le diable est arrivé, » — pensa Félix en observant sa femme.

Un sourire séraphique illuminait alors le charmant visage de la comtesse. Elle leva une de ses mains vers la frise sculptée du salon, et, au milieu d'une guirlande de fleurs précieusement fouillée dans la pierre vive, elle indiqua à son mari les C et les F qui s'y trouvaient enlacés les uns aux autres comme des chiffres amoureux. Puis, se penchant gracieusement vers le comte, qui semblait ne pas comprendre, elle lui dit, en donnant à sa voix le timbre le plus caressant :

« Merci, Félix. »

C'était la première fois qu'il s'entendait appeler ainsi par sa femme; aussi le comte fut-il profondément ému, et ne put-il que mal cacher son émotion.

Cependant, il s'obstinait à ne voir qu'une résignation doucement moqueuse dans ce remercîment dont il ne soupçonnait pas le motif ; et il fallut que Céleste lui montrât une seconde fois les écussons où se trouvaient sculptées leurs lettres initiales pour que Félix comprît la cause de cette câlinerie conjugale.

« Pauvre petite, se dit-il en lui-même, comme elle se trompe ! »

En effet, ces chiffres dans lesquels Céleste aimait à voir une preuve d'amour n'existaient là que par hasard ; ou plutôt ils existaient depuis la fondation de l'édifice, et Félix ne s'en était jamais aperçu depuis deux ans qu'il l'avait acquis pour en faire un rendez-vous de chasse.

Un instant le comte voulut détromper sa femme ; mais celle-ci le regardait alors si tendrement qu'il ne se sentit point le courage de briser la charmante illusion qu'elle venait de se créer.

« Non, se dit-il, ce serait là un acte de brutalité sauvage. »

Et comme Céleste s'était rapprochée de lui, il lui prit la main et l'emmena visiter les autres parties du château.

« C'est là un séjour bien affreux, lui dit-il ; mais

rassurez-vous, nous n'y resterons pas; j'ai seulement voulu vous le faire voir en passant.

— Pourquoi ne pas rester? reprit Céleste.

— Nous sommes ici dans un désert, dit Félix.

— Tant mieux, nous serons plus seuls.

— Mais, si vous passiez huit jours dans cette affreuse masure, vous péririez d'ennui, comme la *Mignon* de Goethe regrettant ses orangers.

— Ah! fit la comtesse en s'animant, — partout où nous serons ensemble, je serai bien, moi. — Tout ce que je verrai avec vous me paraîtra beau. — Ici, du moins, au milieu de ces montagnes, nous serons libres, plus libres qu'à Vaucluse, pays sillonné de touristes et de curieux, comme tous les endroits qui ont quelque célébrité; et d'ailleurs, ajouta-t-elle, cette contrée sauvage ne manque ni de grandeur ni de poésie: sur cette cime élevée, nous serons bien placés pour voir tous les jours les merveilleux spectacles que doit étaler la nature. — Voyez, dit-elle en étendant la main, voyez ces campagnes noyées dans les splendeurs du couchant. — Comme cela est grand! comme cela est beau!

— Diable! pensa Félix, voilà bien de la poésie. »

Et il regarda avec inquiétude si les mains de sa femme n'étaient point tachées d'encre, et si ses pieds n'étaient pas chaussés d'azur. Mais il aperçut alors une cheville coquette et mignonne dont la vue porta un grand trouble dans ses idées.

En ce moment, l'ombre crépusculaire s'étendait lentement sur la plaine et les environs ; les grandes forêts voisines secouaient sur le passage des brises leurs parfums amers et enivrants, et les mille harmonies du soir s'élevaient de toutes parts, et s'unissaient comme pour donner une sérénade aux étoiles qui se montraient une à une à leur balcon d'ébène.

Il sembla alors à Félix qu'un grand bruit venait de s'éveiller dans son cœur. Il écouta, et il entendit la voix de ses souvenirs qui venaient lui rappeler que c'était par une semblable soirée et dans un lieu à peu près pareil qu'il s'était rencontré avec la première femme qu'il avait aimée.

Il regarda alors auprès de lui, et il vit Céleste, qui, n'ayant pas encore de souvenirs, écoutait chanter ses espérances.

« Ah ! dit Félix en se rapprochant de sa femme et

en lui prenant la main, qu'il porta à ses lèvres, — vous êtes un ange qui m'avez caché vos ailes. »

Cette seule parole d'amour, la première que lui eût encore adressée son mari, causa un grand tremblement de cœur à Céleste. Elle appuya sa jolie tête sur l'épaule du comte, et lui murmura à l'oreille :

« Nous serons bien heureux, allez.

— Hélas ! — je le crains, — pensa Félix en conduisant sa femme dans la chambre qui leur avait été préparée.

— Nous restons donc ici ? demanda Céleste.

— Oui, lui dit son mari. — Viens voir. »

Et, l'attirant dans un angle de la croisée, il lui montra la lune, qui venait d'écarter un rideau de nuages, et profilait son visage argenté sur l'ombre du ciel.

« Ah ! dit la jeune femme en rougissant.

— C'est notre lune de miel qui se lève. »

VII

L'AMOUR DANS LE MARIAGE

De Félix à Raymond.

« Hélas! mon cher ami, j'ai subi le sort commun, — j'ai été trompé.

« Dès le lendemain de mon mariage, l'épouse démentait la fiancée.

« Les gants blancs sous lesquels je comptais trouver des griffes aiguës cachaient des mains qui eussent fait honte à la statuaire grecque et à la princesse Borghèse.

« En conduisant ma femme à l'autel, je me réjouissais intérieurement en voyant luire à travers son voile ses yeux illuminés d'un fauve rayon, qui devait allumer mon enfer conjugal.

« Amère déception!

« A peine ai-je eu écarté ce voile, qu'au lieu du démon que je m'attendais à voir, je me suis trouvé en face d'un ange ; et, malgré moi, j'ai dû baisser les yeux devant l'éclat du nimbe d'or qui couronnait son front.

« Le génie bienfaisant qui m'espionne m'attendait là, — et pour la première fois il a donné tort à mes espérances.

« Non, cela n'est pas possible autrement, — non, — je n'ai pas épousé mademoiselle de Marènes, — ma femme a été changée sous le poêle : c'est une métamorphose dont je ne puis pas douter. Du reste, je ne doute plus de rien maintenant. Je crois à la mythologie, — aux Mille et une nuits, — et généralement à tout ce qui n'est pas croyable.

« Le faux, — c'est le vrai !

« Céleste est bien Céleste la bien nommée. Elle m'a apporté en dot une beauté devant laquelle tous les peintres briseraient leurs pinceaux et tous les poëtes oublieraient leur idéal. En échange de mon anneau, elle m'a mis dans la main une clef avec laquelle je viens d'ouvrir une félicité que j'ignorais encore, — moi qui les connais toutes, et qui les connais tant !

« Il était écrit que je devais être le Christophe Colomb de cette autre Amérique dont tant d'autres avant moi avaient vainement tenté la conquête.

« Enfin, mon cher, pour conclure, l'Éden que je viens de découvrir, et où nul avant moi n'avait mis les pieds, cette chose fabuleuse et paradoxale qui pour moi devient une vérité, — tout cela s'appelle :

« L'amour dans le mariage.

« A ces mots, je te vois, — ou plutôt je t'entends d'ici pousser des exclamations de quoi remplir trois tragédies.

« L'amour dans le mariage ! grand Dieu ! — Se peut-il qu'on ose accoupler deux pareilles antithèses, l'eau et le feu, — le noir et le blanc, — les chiens et les chats, — l'amour et le mariage, — enfin !

« Que veux-tu ? cela est ainsi. Car je suis bien marié : les registres de l'état civil en font foi ; et pour amoureux, ma lettre doit te prouver que je le suis plus que je ne l'ai jamais été : plutôt je crois ne l'avoir été jamais. — Mes passions précédentes n'étaient que des études élémentaires : alors j'apprenais à aimer, aujourd'hui je le sais.

« Céleste me l'a appris.

« Oui, mon cher, je suis amoureux — de ma femme ;

et, malgré l'énorme ridicule qu'elle peut m'attirer, j'afficherai hautement ma passion. Je braverai les morsures de la raillerie : — car cette fois, sans doute, le monde n'osera pas me donner raison.

« Mais que m'importe ? — j'aime.

« Aimer ! — Certes, depuis que j'existe, ma pensée avait fait bien des fois le tour de ce mot, et jamais je n'en avais compris le sens intime et profond. Pour moi, l'amour était un poëme écrit en langage étranger, je le lisais dans les traductions.

« Aujourd'hui je le lis dans l'original.

« Quelle singulière destinée que la mienne ! trouver l'amour dans le mariage, — qui est à l'amour ce que la machine pneumatique est à l'oiseau : — un étouffoir.

« Toi, sceptique, tu me répondras que je suis encore sous l'influence de la lune de miel, et que je prends des étincelles pour des étoiles. A quoi je répondrai — que tu ne connais pas Céleste !

« Tu sais dans quelle intention je m'étais marié, et tu te rappelles aussi pourquoi j'avais fait choix de mademoiselle de Marènes. — Mais, je te le répète, — ma femme a été changée pendant la cérémonie.

« Céleste, en un mot, est l'incarnation de mon idéal.

« J'ai épousé mon rêve.

« Et pourtant, s'il fut jamais chimère de poëte ou d'amant impossible à réaliser, c'était bien la mienne.

« J'avais dit un jour au bonheur qui me poursuivait : « O toi, puissance inconnue qui me tiens sous ton égide ; toi, qui peux tout pour moi, tu ne pourras pas me trouver entre les deux pôles une créature humaine qui soit la sœur vivante de mon idéal, — tu ne le pourras pas, — je t'en défie. »

« Mais le bonheur m'a répondu en m'amenant Céleste. — Il a dû la créer exprès. Encore une fois j'avais raison de l'impossible.

« Aussi, depuis ce temps, il me monte à l'esprit des audaces inouïes, — et je me demande parfois si je ne suis pas un dieu anonyme auquel toute chose doit obéir, — même les éléments. Il faudra que je fasse l'essai de ma puissance en demandant au ciel une couronne d'étoiles pour Céleste.

« Je suis sûr que le lendemain ma femme trouvera la constellation d'Orion dans son écrin. . . . .

. . . .

9.

« J'habite maintenant sous le plus beau ciel du monde, — dans un pays qui est le vestibule de l'Italie. Autour de moi tout chante et tout rayonne ; car, avec l'amour, j'ai, comme dit le poëte :

> Une lumière dans les yeux,
> Une musique dans l'oreille.

« Dans quelques mois je retournerai à Paris avec Céleste, — l'Ève non curieuse de mon beau paradis, — où il n'y a pas de serpent. »

« Si j'y allais ? » — dit Raymond en achevant de lire les étranges divagations de son ami.

VIII

TOUJOURS HEUREUX!

Félix n'avait pu éviter sa destinée, qui était d'être, toujours et quand même, le plus heureux des hommes. Son contrat de mariage, au lieu d'être, comme il l'espérait, une rupture définitive avec la félicité, avait, au contraire, été un nouveau bail qu'il avait passé avec elle.

En outre, ainsi qu'on l'a vu déjà, Félix était épris de sa femme, et voyait se réaliser pour lui l'utopie de l'amour dans le mariage. Pendant les premiers temps, il ne se préoccupa que médiocrement de cette passion, et, bien qu'elle prît tous les jours un caractère plus sérieux, Félix se disait à lui-même que cela ne pouvait durer, et que son amour s'éteindrait lorsque sa lune de miel se serait effacée à l'horizon conjugal, ce qui, pensait-il, ne peut manquer d'arriver dans un mois — ou deux au plus tard.

Mais, au bout de ce temps, Félix attendait encore l'éclipse de l'astre à l'influence duquel il n'avait pu se soustraire ; et un jour ce fut lui-même qui demanda à Céleste si elle ne serait pas bien aise de quitter leur masure pour aller respirer l'air de Vaucluse.

Ils étaient donc partis.

Félix se crut plus libre quand il eut perdu de vue le donjon de son vieux château : il pensait que son amour y resterait.

« Quand nous arriverons à Vaucluse, se disait-il, ma femme ne sera plus que ma femme, et cette fois je ne me laisserai pas prendre comme il y a six mois. Il est vrai qu'alors il était bien difficile de résister : le prologue du mariage a des charmes. Une fraîche et blanche couronne d'oranger sur un front frais et blanc, cela tente ; — ajoutez la solitude, le soleil couchant, les effets de nuit, etc. : ma foi, murmurait Félix, tout autre à ma place se serait comme moi laissé entraîner au courant. Mais, là-bas, nous allons mener une autre existence : j'aurai des distractions, — les promenades solitaires ne seront plus possibles ; — je verrai les défauts de Céleste, — etc., etc. Enfin... continua Félix en manière de conclusion, une lune de miel ne peut pas durer toute la vie ; et il faudra bien que la mienne s'en aille où s'en vont toutes les vieilles lunes. »

Fragiles résolutions, qui devaient s'évanouir sous le premier regard de sa femme.

A peine avait-il mis les pieds dans cette fraîche oasis provençale, que Félix sentit bondir avec plus de violence son cœur, qu'il avait cru pouvoir immobiliser ; les craintes qu'il avait conçues se réalisèrent. La poésie lui monta au cerveau et l'emporta sur les plus hautes cimes de l'exaltation. Il lui sembla alors qu'il s'éloignait du monde réel, et qu'il était invinciblement entraîné dans des délices et des voluptés inconnues au reste des hommes.

En effet, Félix avait alors atteint le paroxysme de la passion.

Il était, pour ainsi dire, sous l'équateur de l'amour.

Ce fut à cette époque qu'il écrivit à Raymond la lettre où il lui annonçait son prochain retour à Paris, où il arriva en effet vers le commencement de l'hiver.

Dès son entrée dans le monde, le nouveau ménage fut accueilli par une sympathie universelle.

La comtesse de Vauxchamps se vit aussitôt entourée par une cour d'admirateurs; mais leurs hommages discrets ne pouvaient que flatter l'orgueil d'un mari. Et Félix, qui s'était mis aux aguets des yeux et de l'oreille, ne put jamais surprendre une parole qui eût le son d'une calomnie, ni un geste qui eût l'air d'une ironie.

Les hauts barons de la séduction, les Valères, les Damis, les Clitandres, tous ceux qui avaient rayé de leur dictionnaire le mot *impossible*, s'en vinrent néanmoins faire la roue et égrener leurs madrigaux ambrés devant Céleste, qui les foudroya de son regard bleu. Si bien que tous ces don Juan, qui avaient plus ou moins occis de commandeurs, comprirent qu'il n'y avait rien à faire de ce côté-là, et s'en retournèrent comme ils étaient venus.

Félix, qui avait suivi leurs mouvements, les regarda passer en riant, — et ferma son volume d'Othello.

Excepté lui, — personne n'en voulait à son bonheur.

IX

PÉRIPÉTIE.

Un soir, Céleste trouva sur sa table de toilette un billet ainsi conçu :

« Madame,

« Il faut que ce soir même, avant dix heures, vous m'ayez accordé une entrevue; au nom de votre amour pour Félix, ne me refusez pas.

« Le meilleur ami de votre mari, et le vôtre,

« Raymond. »

« P. S. A dix heures, je viendrai ; je vous le répète, il faut que je vous voie... Soyez seule. »

Céleste, dévorée d'inquiétude, courut chez son mari, pour lui montrer l'étrange billet qu'elle venait de recevoir.

Félix était sorti, et avait dit à son domestique de ne point l'attendre.

Quand la comtesse rentra dans son appartement, la pendule marquait la demie de neuf heures.

« Oh mon Dieu ! dit Céleste en levant les mains au ciel, quel malheur plane sur nous ? »

En ce moment on frappa à la porte.

La femme de chambre courut ouvrir.

C'était Raymond.

« Qu'y a-t-il donc ? lui demanda Céleste avec anxiété ; votre lettre m'a toute bouleversée. »

Raymond ne répondit rien ; mais il tira de sa poche un papier qu'il remit à la comtesse. Dès les premières lignes, elle demeura frappée de stupeur :

« Quoi, dit-elle, le malheureux !... Il est donc fou ?

— Oui ; mais il y a un moyen de le sauver, un seul..., et si vous hésitez à l'employer, dès aujourd'hui, dès ce soir, vous pourrez prendre le deuil.

— Ce moyen..., dites, dites vite. Vous me faites mourir ! »

Raymond tira de sa poche un second papier et le tendit à la comtesse en lui disant :

« Il faut suivre à la lettre ces instructions ; je vous le répète, Madame, c'est le seul moyen. Si vous hésitez... ce soir, tout sera fini. »

A peine eut-elle jeté les yeux sur le papier que lui avait donné Raymond, Céleste tomba sur son fauteuil, foudroyée par les lignes qu'elle venait de lire.

« Oh ! mais c'est impossible cela ! s'écria-t-elle. Je vous en supplie, Raymond, trouvez autre chose.

— Depuis que je suis averti des sinistres résolutions de Félix, je cherche, Madame, et c'est tout ce que j'ai trouvé. »

En voyant que la comtesse demeurait immobile, Raymond lui prit la main.

« Ecoutez, Céleste, lui dit-il, il est dix heures et demie ; si dans une demi-heure vous ne m'avez pas donné ce que je vous demande, il sera trop tard..... Décidez-vous... je vais attendre. »

Raymond sortit en fermant la porte derrière lui.

Céleste se précipita à un petit bureau qui était

dans sa chambre à coucher, et, prenant à la hâte une feuille de papier et une plume, elle copia d'une main tremblante le second billet que lui avait remis Raymond.

Quand elle eut fini, elle rappela celui-ci, qui était passé dans une autre chambre.

Raymond prit le billet que Céleste venait d'écrire, et le lui rendit après l'avoir examiné.

« Vous avez oublié de signer, lui dit-il.

— C'est inutile, reprit Céleste ; *lui* connaît bien mon écriture.

— Signez, reprit Raymond. — Il faut *qu'il* soit convaincu. »

La comtesse prit une plume et signa convulsivement.

« Oh ! dit-elle ensuite à Raymond, partez, partez.., vite... il est onze heures...

— J'ai le temps qu'il faut, dit Raymond... Félix attendra jusqu'à minuit.

— Vous le sauverez, n'est-ce pas ?...

— C'est vous qui venez de le sauver avec ceci, reprit Raymond en montrant à Céleste le billet qu'elle venait d'écrire... Maintenant, continua-t-il, attendez-moi dans cette chambre. Au surplus, je vais vous enfermer... — vous voudriez me suivre. »

Et Raymond se retira, après avoir fermé la porte à clef sur la comtesse, qui tomba anéantie sur un fauteuil.

« Le malheureux ! s'écria-t-elle..... que lui ai-je fait ? » . . . .
. . . .

A minuit moins le quart, un cheval lancé à fond de train faisait jaillir des aigrettes d'étincelles sur la route qui conduit de la barrière d'Enfer à Châtillon ; un homme l'excitait sans relâche de la cravache et de l'éperon.

C'était Raymond.

X

AU CLAIR DE LA LUNE.

Nous sommes dans une grande chambre d'une maison de campagne située à Châtillon.

La fenêtre est ouverte : un rossignol chante dans les massifs du jardin éclairé par une belle lune d'été.

En face d'une grande table couverte de papiers, un homme est assis, et écrit à la pâle clarté d'une lampe placée devant lui. Son écriture est aussi correcte que celle d'un bordereau administratif ; il met les points et les virgules là où il en faut, et ajoute soigneusement des *s* au pluriel.

Et pourtant, à côté de l'écritoire, on remarque une boîte carrée qui contient des pistolets, un étui en peau de chagrin renfermant deux fioles de poison, et un poignard dont la lame aiguë a été trempée dans les sucs mortels d'un *upas* de Java.

Cet homme qui écrit, — c'est Félix.

Il vient d'achever son testament, car il doit se tuer à minuit sonnant, — à moins toutefois que d'ici là il ne lui soit arrivé un malheur.

Or, l'aiguille n'a plus que cinq pas à faire pour toucher le chiffre fatal.

Félix attendra jusqu'au dernier tintement du dernier coup ; après quoi, — il ira demander à la mort l'énigme de la vie.

Félix est donc fou ?

Il s'est fait à lui-même ce singulier raisonnement, que, puisque pendant la première partie de son existence il avait été complétement heureux, l'avenir devait se venger du passé en faisant de lui le plus infortuné des hommes pendant le reste de sa vie. Or, Félix, qui avait tant de fois provoqué la fatalité sans la rencontrer, se sauvait du monde, s'imaginant qu'elle s'avançait vers lui. — La fable du Bûcheron et de la Mort.

Après cela, Félix était parfaitement fou. Vingt secondes séparaient à peine l'aiguille de l'heure à laquelle Félix devait en finir. Comme il s'était décidé pour le poison, il prit dans son étui une petite fiole contenant une liqueur jaune.

La pendule sonna le premier coup de minuit.

Félix porta la fiole à ses lèvres.

En ce moment, le galop précipité d'un cheval se fit entendre au dehors, un bruit de pas résonna dans l'escalier, et, comme le dernier coup de minuit sonnait lugubrement sur le timbre de métal, Félix entendit heurter violemment à sa porte :

« Qui va là ? cria-t-il, — ayant toujours le flacon près de ses lèvres.

— Celui que tu attends, répondit une voix : le malheur !

— Ah ! fit Félix, entrez donc. » — Mais il recula de surprise en se trouvant en face de Raymond.

« Tu l'as voulu, dit celui-ci. Tiens. » Et il jeta sur la table une petite lettre sur laquelle Félix se précipita.

Comme il la tenait entre ses mains, hésitant à l'ouvrir, Raymond lui cria brutalement :

« As-tu peur maintenant ? »

Félix le regarda fièrement, et ouvrit la lettre ; mais, à la première ligne, une sueur de mort lui monta au visage.

« Oh ! la malheureuse ! s'écria-t-il, que lui avais-je fait ? » Et il retomba anéanti sur la barre d'appui de la croisée.

Pendant ce temps, Raymond cachait les armes et le poison dans une armoire dont il prit la clef.

Félix se tordait toujours dans une angoisse désespérée.

« Oh ! que je souffre !... La malheureuse !... moi qui l'aimais tant !... s'écriait-il... c'est un autre qu'elle préférait !

— La jalousie! murmura Raymond.

— Mais je les tuerai tous les deux, continuait Félix.

— La haine! murmura Raymond.

— Et pourtant, cet Édouard, il se disait aussi mon ami; je l'avais reçu dans ma maison... à toute heure...

— La fausse amitié! murmura Raymond.

— Et elle, Céleste... qui pendant une année n'est pas restée une heure sans me dire trois fois : Je t'aime! — Elle me trompait...

— Le faux amour! murmura Raymond.

— Et je me croyais heureux... et je bénissais la bonté de Dieu... De Dieu... Où est-il donc?

— Le doute! murmura Raymond.

— Oh! tu n'as jamais souffert tout ce que je souffre! disait Félix en écumant.

— Insensé! lui répondit celui-ci; j'ai fait dix fois dans ma vie le tour des douleurs humaines, et me voilà encore... »

Et toute la nuit se passa ainsi dans les convulsions et dans le délire.

Au matin, Raymond heurta Félix, qui s'était accroupi dans un coin, — stupide, — brute.

« Et la vengeance ? lui cria-t-il.

— Ah! oui! » dit Félix en faisant un bond de tigre.

Il s'empara des pistolets, que Raymond avait remis sur la table après les avoir déchargés.

« Courons vite, reprit Raymond ; ta femme est peut-être partie avec son amant, le comte Édouard de Brillon.

— Au bout du monde je les retrouverai ! » répondit Félix en entraînant son ami avec lui.

Une heure après, ils arrivaient devant l'hôtel de la comtesse de Brillon, veuve du général de ce nom. Une file de voitures de deuil encombrait la rue, et un riche catafalque était dressé sous le porche de l'hôtel.

« Qu'y a-t-il donc, et que veut dire tout cela ? demanda Félix.

— Hélas! reprit un vieillard.... vous étiez son ami, vous.... Mort à vingt-deux ans, — avec un si bel avenir !.....

— Oui, reprit un autre, quel brave jeune homme !...

— Mais qui donc est mort, encore une fois ? demanda Félix.

— Hé! Monsieur, ne savez-vous pas qu'on enterre aujourd'hui le comte de Brillon, tué en Afrique?

— Quand cela?

— Il y a six semaines : sa mère a fait revenir son corps pour qu'il soit réuni aux membres défunts de sa famille. »

Félix regarda Raymond..... et relut la lettre de sa femme. Édouard est mort depuis six semaines et Céleste lui donnait rendez-vous pour ce soir.

« Qu'est-ce que cela veut dire? — demanda-t-il.

— Allons rejoindre ta femme, dit Raymond en riant : elle t'expliquera tout. »

XI

CONCLUSION.

« Ah! dit la comtesse en voyant rentrer son mari, qui tenait à la main la lettre que nous savons, pardonnez-moi cet horrible mensonge.

— Oh! dit Félix, il m'a sauvé de la mort.

— Que vous disais-je ? reprit Raymond en regardant la comtesse.

— En attendant, reprit Félix, je suis toujours le plus heureux des hommes.

— Et pourtant tu as connu le malheur.

— Non, dit Félix, puisque le mien était faux.

— Qu'importe, si ta douleur était vraie ?

— Oh ! oui, bien vraie et bien profonde.

— Tu t'en souviendras quand tu te trouveras trop heureux. »

. . . .

Un an après, Félix était père d'une charmante petite fille, qu'il appela Félicité.

Et si vous lui parlez du malheur, il vous répondra que c'est une invention des philanthropes.

. . . .

Eh bien, mais, et le dénoûment ?

Cher lecteur, le dénoûment se trouve précisément en tête de cette histoire, ce qui ne peut manquer de plaire aux gens qui commencent les romans par la fin.

Vous vous rappelez cette fameuse scène d'orage qui empêcha le comte et sa femme d'aller à la campagne ?

Ce fut leur premier malheur réel.

Voici le second : Un jour qu'ils étaient allés à l'Opéra pour entendre *Guillaume Tell*, on joua le premier acte du *Serment*, le deuxième acte de *La Tentation*, et le troisième acte de *Moïse*, — le tout par des doublures.

Quant au troisième malheur, il fut beaucoup plus sérieux.

Un voisin fit un jour élever un grand mur devant la maison qu'ils habitaient à la campagne, de façon à leur dérober le spectacle de l'horizon, ce dont, par habitude, ils s'étaient fait une récréation.

Enfin, il arrive quelquefois à Félix d'entendre dans la rue un orgue de Barbarie massacrer l'air qu'il a entendu la veille admirablement chanter au Théâtre-Italien.

Ces jours-là, il croit à la fatalité, et rentre chez lui convaincu qu'il est le plus malheureux des hommes.

LA FLEUR BRETONNE

I

Yvonnette et son ami Donatien étaient nés sur les côtes de Bretagne, où leurs parents, comme la plupart des riverains, vivaient du produit de leurs filets. Aux premiers pas faits en sortant du berceau, les deux enfants, qui s'étaient rencontrés, échangèrent leur premier sourire. Jusqu'à l'âge de dix ans, ils vécurent ensemble, s'aimant comme on s'aime à cet âge. Nous n'essayerons point de peindre ces enfantines amours. Rappelez-vous, lecteur, la petite blondine qui s'appelait Rose ou Charlotte, et avec qui vous partagiez vos bonbons tout en gardant la plus grosse part ; rappelez-vous, lectrice, les belles classes buissonnières faites avec l'écolier qui s'appelait Henri ou Victor, et qu'aujourd'hui vous appelez *monsieur*; et si vous ne retrouvez pas un de ces délicieux souvenirs au fond de votre enfance, ouvrez Paul et Virginie, lisez dans *L'Ame de la maison* l'histoire du poëte Théophile Gautier et de la petite Maria, qui avait des taches roses sur les joues; ces innocentes amours vous rappelleront celles d'Yvonnette et de son ami Donatien.

Donc ils avaient dix ans, ils s'aimaient, ils étaient heureux.

Le père de Donatien, qui était un des plus habiles pilotes de la côte, sauva un jour d'un péril imminent un navire de commerce appartenant à un riche armateur du pays. Le lendemain, celui-ci vint trouver le pêcheur, et lui proposa de se charger de l'avenir de Donatien. « Confiez-moi votre enfant, lui dit-il, je l'enverrai au collége avec mon fils, et, après avoir passé par les écoles, il vous reviendra avec les épaulettes d'officier dans la marine royale. »

Le père de Donatien avait longtemps caressé ce

rêve, mais sans espérance de le voir jamais se réaliser ; cette espérance lui étant offerte, il accepta. — Deux jours après, il était convenu que Donatien partagerait les études de Paul Baradec, le fils de l'armateur, et qu'il l'accompagnerait dans un collége de Paris.

Cette nouvelle, tombée comme un coup de foudre entre les deux enfants, leur apprit qu'ils étaient déjà mûrs pour la douleur. Donatien ne voyait qu'une chose dans cet événement : c'est qu'il fallait se séparer de son amie ; et, malgré la brillante promesse des épaulettes d'or, il refusait de partir avec une opiniâtreté toute bretonne. Il n'y avait déjà plus place dans son cœur pour l'ambition.

Pourtant il fallut bien obéir. La dernière entrevue qu'il eut avec son amie fut triste. Celle-ci s'était jetée en pleurant sur son sein, le front déjà coloré de cette rougeur pudique, — aurore de l'amour qui va naître. Ils se prirent tous deux par la main, et parcoururent silencieusement cette lande où ils étaient nés l'un près de l'autre, et où ils avaient espéré rester toujours. Ils allèrent visiter un à un tous les lieux témoins de leurs douces joies. Yvonnette songeait qu'il lui faudrait désormais revenir en ces lieux, et pour n'y plus retrouver que des souvenirs de l'absent. Donatien, plus triste encore, s'emplissait la mémoire des moindres détails de ce paradis où s'était écoulée son enfance. L'enfant voyait déjà le bonheur derrière lui, et lui disait tout bas : « Adieu », n'osant plus dire : « Au revoir. »

Après une longue causerie toute trempée de larmes, les deux enfants songèrent avec douleur qu'il fallait se quitter, car la nuit était venue ; néanmoins, ils se promirent de se revoir une fois encore avant le départ de Donatien, qui était fixé au lendemain soir. Donatien détacha de sa poitrine une petite médaille de *Notre-Dame de Bon-Secours* et la donna à son amie en souvenir de lui.

« Hélas ! je n'ai rien à te donner, moi, » dit la petite avec un gros soupir. Et, comme en ce moment ils étaient arrivés dans un endroit où ils avaient l'habitude de se reposer après leurs courses joyeuses, Yvonnette cueillit un bouquet de ces petites fleurs pareilles à des boutons d'or, et qui croissent particulièrement dans les landes de la Bretagne. Elle donna ces fleurs à son ami en échange de sa médaille, qu'elle avait déjà serrée sur son cœur. Donatien en fit autant du bouquet, et, après s'être promis de nouveau qu'ils se reverraient une dernière fois, ils reprirent, chacun de son côté, le chemin de la maison.

Cette entrevue devait être la dernière.

En effet, en rentrant chez son père, Donatien trouva un domestique de M. Baradec, qui l'attendait pour l'emmener chez celui-ci, où il devait passer la nuit: car le départ avait été avancé au lendemain matin. — Trois jours après, Donatien entrait dans un des colléges de Paris avec son nouveau compagnon.

II

Dix ans se sont écoulés entre la première et la seconde partie de cette histoire, et les événements qui se sont succédé durant cette période de temps ont plus que jamais séparé Donatien et Yvonnette. La mort était venue deux fois dans la maison de celle-ci, et l'avait un jour laissée agenouillée sur la double tombe qui la faisait orpheline. Une dame riche et charitable avait pris en pitié la pauvre enfant et l'avait emmenée avec elle. Depuis ce temps, personne dans le pays ne savait ce qu'elle était devenue, et Donatien ne put en apprendre aucune nouvelle, lorsque, deux ans après son départ, il était venu passer les vacances dans sa famille. Plus tard, des sinistres simultanés amenèrent la ruine complète de M. Baradec, et l'armateur se trouva dans la nécessité de retirer son fils du collége avant même qu'il eût achevé son éducation. Donatien se trouvait dans le même cas, et dut ainsi renoncer aux espérances qu'on avait conçues pour son avenir, avenir auquel il s'était soumis par obéissance, et non par sympathie. Au sortir du collége, on lui procura une place dans une grande maison industrielle. Cette position était la seule qui parût devoir lui convenir, car il était d'une nature physique trop frêle pour pouvoir se plier aux rudes labeurs d'une profession manuelle. Pourtant Donatien était arrivé à Paris doué d'une constitution robuste, et les poumons pleins de cet air vital qui soufflait dans sa lande bretonne; mais il ne tarda pas à s'étioler au collége. En entrant dans l'adolescence, le jeune Breton n'avait conservé de sa nature primitive qu'un esprit rebelle à toute chose imposée — et toujours prêt à quitter le terre-à-terre du positif pour s'en aller courir le grand chemin des rêves. Donatien avait été un fort mauvais élève. La science était entrée dans son cerveau, et y avait germé presque à son insu et sans qu'il y eût aidé par la volonté. Au sortir du collége, il se trouva pareil à un laboureur qui verrait son champ couvert de moissons sans l'avoir jamais fécondé par le soc.

Quand il eut passé deux mois devant les grands livres commerciaux, Donatien se sentit envahir par un ennui insurmontable. Ses moindres pensées se glaçaient au froid contact de l'arithmétique, et plusieurs fois on l'avait repris sur les erreurs graves qu'il commettait sans cesse. Donatien n'attendit pas qu'on le remerciât, il pria son patron de disposer de sa place.

En quittant son bureau, il monta au hasard dans une de ces voitures qui desservent les environs de Paris. Deux heures après, il était sur la magnifique terrasse de Saint-Germain. Un instant, il faillit s'évanouir comme un prisonnier qui, par une brusque transition, passerait de son cachot au soleil. L'air vif de la Seine le fouettait au visage et le forçait à fermer les yeux; il lui sembla qu'il était monté sur un cap breton, en face du ciel et de la mer. Ses pensées sortirent de leur léthargie glaciale et s'agitèrent en foule dans son âme. Il s'assit alors sur un banc, et, posant sa tête dans ses mains, il songea à Yvonnette.

En ce moment, distrait par un grand bruit qui semblait s'approcher, Donatien leva les yeux, et, avec la rapidité des trépassés de la légende, il vit courir devant lui une cavalcade qui soulevait derrière elle un tourbillon de poussière. Comme s'il eût été frappé d'une décharge électrique, Donatien se redressa de toute sa hauteur, et, les bras étendus vers cette vision ailée déjà disparue, il s'écria : « Yvonnette ! Yvonnette ! » Puis il tomba sans connaissance, en se heurtant le front à l'angle du banc de pierre.

Deux étrangers qui marchaient à quelque distance entendirent le cri et virent la chute. Ils accoururent en toute hâte. L'un d'eux examina la blessure et secoua la tête.

Un quart d'heure après, Donatien, qui n'avait pas repris connaissance, était transporté dans la maison de santé que le docteur Morin dirigeait à Saint-Germain.

III

Au bout d'un mois, Donatien était guéri de sa blessure, — seulement il était fou. Le docteur Morin, qui avait pour spécialité le traitement des aliénations mentales, entreprit de rendre la raison au sujet que le hasard lui avait envoyé, et il garda le pauvre fou dans son établissement.

Du reste, la folie de Donatien était douce et tranquille, et n'inspirait aucune crainte. Aussi le laissait-on aller partout sans gardien. Il passait ses journées dans les jardins et cueillait toutes les fleurs jaunes qu'il trouvait. Sa chambre en était jonchée; il en mettait partout, — jusque dans son lit. Quand elles étaient fanées, il tirait de sa poitrine un petit bouquet d'herbes sèches, et, les comparant aux fleurs flétries, il murmurait :

« Elles sont pareilles ! »

Il y avait dans la maison une charmante petite fille appelée Rosette, et pour laquelle Donatien manifestait un tendre et touchant attachement. Quand il la rencontrait, il la prenait par la main et l'emmenait avec lui, ou bien la faisait asseoir à son côté, et lui parlait dans une langue singulière qui la faisait rire aux éclats. Alors Donatien riait avec elle ou pleurait tout doucement, et la petite finissait par pleurer avec lui. Un jour qu'ils étaient dans le jardin, le tonnerre roula tout à coup dans le ciel noir. Donatien se mit à genoux et força sa compagne à l'imiter ; puis il lui montra le ciel :

« Prends ta médaille », lui dit-il. La petite tira de son corsage un petit médaillon et s'agenouilla à côté de Donatien, qui commença une prière bretonne.

« Vois-tu, s'écrie-t-il tout à coup, vois-tu comme elle est bonne la *Notre-Dame?* Voici ton père qui revient avec le mien. » Et il indiquait deux barques qui traversaient la rivière sur laquelle le jardin avait vue.

« Surtout, prends bien garde de la perdre, ta médaille! » ajouta-t-il gravement.

Une autre fois, sa petite amie, ayant remarqué son amour pour les fleurs jaunes, lui en apporta un gros bouquet. Donatien faillit l'étouffer sous ses baisers.

Cependant l'hiver vint : il n'y avait plus de fleurs,

ce qui n'empêchait pas Donatien de courir au jardin dès qu'on le perdait de vue. Il grattait sous la neige, cherchait ses chères fleurs, et, n'en trouvant pas, il regardait le bouquet d'herbes sèches qu'il portait toujours caché sur sa poitrine.

Un jour il le mit dans un verre d'eau et resta plus de six heures immobile, espérant sans doute le voir reverdir. A la fin, il s'imagina que cette épreuve avait réussi. Dès lors il trempa tous les matins son bouquet dans l'eau fraîche. Cela dura jusqu'au printemps.

A cette époque, Rosette tomba malade. Donatien, ne la voyant plus venir chez lui, demanda à aller la voir. Quand il entra, Rosette était couchée dans son lit, — un de ces petits lits blancs dont les mères vont le soir fermer les rideaux en marchant sur la pointe du pied pour ne pas éveiller l'enfant qui sourit à son rêve. En voyant entrer Donatien, la petite se dressa sur son oreiller et lui tendit la main, qu'il serra doucement dans la sienne.

Avec cette espérance commune à tous ceux qui vont mourir et qui ne le sentent pas, la petite faisait les plus beaux projets du monde pour l'époque de sa guérison.

« Quand j'irai mieux, disait-elle à son ami, nous retournerons nous promener tous les deux dans les jardins, et aussi dans la forêt, sur le bord de la rivière, partout..... Il doit y avoir des fleurs; maintenant, nous sommes dans l'été, — je vois le soleil. » Puis elle reprit : « Il faut m'en apporter, des fleurs. »

Le lendemain, il lui apporta un bouquet. Rosette était plus malade. Ses yeux luisaient des flammes de la fièvre. Elle parlait haut, et parlait de toutes choses; et ses paroles, accompagnées de gestes multipliés, semblaient s'adresser à des êtres absents. — Elle avait le délire cérébral. Elle reconnut pourtant Donatien et lui fit signe de s'approcher. Après avoir regardé les fleurs qu'il lui apportait, elle les lui rendit en disant :

« Il y a un endroit où on en trouve de bien plus jolies..... c'est là qu'il faut aller.

— Où cela? demanda Donatien.

— Tu ne t'en rappelles donc plus? » lui dit-elle.

Alors elle étendit la main en ajoutant : « C'est *là-bas!* » — Là-bas! c'était, au fond de ses souvenirs, un petit village qui se mire au bord de l'Yonne et s'appelle

Cézy, Là-bas! c'était cette douce patrie dont le nom laisse un miel sur les lèvres lorsqu'on le prononce!

Donatien secoua la tête en disant : « Je sais..... je sais.... j'irai demain.

— Non, dit-elle, attends-moi. Nous irons ensemble. Nous passerons la rivière à gué dans la charrette de mon oncle. Ce sera bien joli. » Et elle continua ainsi pendant longtemps, remontant dans son gracieux délire tous les verts sentiers de son enfance.

Comme Rosette se plaignait quand Donatien n'était pas auprès d'elle, on avait permis à celui-ci de passer ses journées dans la chambre de la malade, et il ne quittait pas son chevet. Elle dans le délire de sa fièvre, et lui dans sa folie, ils s'entendaient pourtant parfaitement, elle parlant de sa Bourgogne, lui parlant de sa Bretagne. Mais tous deux songeaient aux pays où ils étaient nés. Ils mêlaient leurs souvenirs. Ils se rappelaient tous ces *petits grands* événements du premier âge. Tantôt Rosette parlait de la fête de Saint-Leu et de sa robe blanche. Elle lui rappelait la foire de Joigny, où l'on achète des petits couteaux à lame courbe pour faire la vendange. Et Donatien répondait toujours : « Je me souviens. » Seulement, il se souvenait de la foire de Nantes, où l'on vendait aussi toutes sortes de belles choses qui lui faisaient tant envie, sans oublier non plus les petits couteaux.

Cependant la maladie faisait tous les jours de nouveaux progrès. Un matin, on refusa à Donatien de le laisser entrer. Rosette était morte pendant la nuit. On avait éloigné sa mère, et deux femmes veillaient près du lit. L'enfant n'avait pas encore revêtu sa robe d'éternité; elle était étendue mollement sur sa couche, la tête sur l'oreiller et noyée dans sa chevelure noire, pareille à une figure d'albâtre dans un cadre d'ébène; ses yeux grands ouverts semblaient regarder l'ange qui était venu chercher son âme, et elle avait gardé sur ses lèvres le sourire qui y était éclos quand le blond séraphin lui avait montré le ciel en lui disant : Viens ! Une de ses mains, blanche comme cette fleur, tenait un lis que Donatien lui avait donné la veille.

Donatien pria et supplia tant qu'on le laissa entrer. Il s'approcha du lit, et, voyant sa petite amie immobile, il l'embrassa sur le front. Il ne comprit rien.

« Elle a froid, dit-il en fermant le rideau ; — je reviendrai quand elle sera réveillée. »

Le lendemain on enterra Rosette. C'était par une belle matinée de mai ; quelques jeunes filles vêtues de blanc formèrent un cortége à cette douce compagne qui s'en allait si vite. Un éclair de raison aiguë avait traversé l'esprit de Donatien. Il avait compris que son amie était morte et non endormie, et il avait demandé à suivre le convoi. Le docteur Morin l'avait accompagné, espérant peut-être une crise douloureuse qui le mettrait sur la voie de quelque moyen à suivre pour arriver à la guérison. Une pensée poétique avait dû choisir la place où Rosette devait être enterrée : c'était au fond du cimetière, dans une espèce de petit vallon que n'attristaient pas les cyprès et les ifs. — La fosse était abritée par des arbrisseaux à verdure vive, pénétrable au soleil, et des rosiers blancs croissaient au hasard parmi les hautes herbes : une charmante oasis où l'on devait bien se reposer de la vie.

Comme on allait combler la fosse, Donatien s'approcha sur le bord, et on le vit étendre la main et jeter quelque chose au fond : c'était la médaille de *Notre-Dame* qu'il avait retrouvée dans la chambre de Rosette.

« Je lui rends sa médaille, dit-il au docteur. — C'est pour qu'elle se souvienne de moi. »

Comme on avait mis sur sa fosse une croix neuve, Donatien remarqua cette inscription qui y était peinte en lettres noires :

ROSETTE.

« On s'est trompé, docteur... Elle s'appelait Yvonnette, » dit-il.

Un jour, un ami du docteur le prévint qu'il lui amènerait le lendemain mademoiselle Aline B..., actrice fort connue sur les boulevards.

« Cette demoiselle est donc malade ?

— Non, répondit son ami ; mais, comme elle a un rôle de jeune homme fou par amour, elle veut étudier sur un *sujet* qui soit dans le même cas. »

Le lendemain, mademoiselle Aline vint en effet à Saint-Germain. C'était une belle personne de vingt ans, dont la nature vive et pétulante semblait peu propre aux excentricités du drame. — La tirade éplorée devait être une anomalie étrange dans cette petite bouche en cœur où frétillait le frémissant sourire des soubrettes du vieux répertoire. Mademoiselle Aline était du reste une très aimable personne, qui faisait bon marché de la grande passion, et jetait son amour aux quatre vents de la fantaisie.

Au moment où elle entrait avec le docteur et son ami, Donatien était dans le jardin et faisait sécher au soleil la graine des fleurs jaunes qu'il avait cueillies. Il voulait semer cette graine sur la tombe de la petite Rosette. Depuis sa mort, c'était là sa grande préoccupation.

« Voici une dame qui vient vous voir, » lui dit le docteur.

Donatien leva les yeux et regarda mademoiselle Aline ; il la salua respectueusement et lui dit :

« Vous ressemblez à Yvonnette, madame ! »

A ce nom, l'actrice pâlit soudainement.

« C'est étrange ! murmura-t-elle ; que veut-il dire ? Comment le nommez-vous, ce jeune homme ? demanda-t-elle ensuite au docteur.

— Donatien ; il est Breton. » Et M. Morin raconta ce qu'il savait de l'histoire de Donatien ; il fit l'histoire de sa folie, et n'oublia pas de parler de Rosette. »

« Mais, dit-il à mademoiselle Aline, vous l'avez connue cette petite ; c'était la fille de votre femme de chambre, celle que j'ai mise à la tête de ma lingerie.

— Oui, je me rappelle, » dit l'actrice toujours plus pensive. Elle demanda à voir la chambre de Donatien, curieuse de voir l'intérieur d'un *fou par amour*, — « ce qui est déjà bien curieux », ajouta-t-elle en riant, — peut-être pour cacher son trouble.

La première chose qu'elle vit en entrant dans la chambre, ce fut le petit bouquet d'herbe sèche trempé dans un verre d'eau.

« Hélas! dit-elle tout bas, je n'ai pas gardé sa médaille, moi! » En effet, elle l'avait donnée à la fille de sa femme de chambre pour s'en faire un joujou.

Donatien ne s'occupait pas de ses visiteurs. Il s'était mis à la fenêtre et chantait un air breton, où le nom d'Yvonnette revenait au refrain.

« Vous voyez qu'il a une folie très douce, dit le docteur à l'actrice, qui écoutait Donatien ; eh bien, continua M. Morin, j'aimerais mieux qu'il fût fou furieux : je le guérirais plus vite.

— Oh! non, dit Yvonnette, — non, docteur, ne le guérissez pas. »

LE FAUTEUIL ENCHANTÉ

Richard était venu à Paris pour faire son droit ; mais comme au bout de deux ans l'étudiant n'avait pas mis quatre fois les pieds à l'école, son père, qui avait appris ce détail, lui envoya une malédiction en latin et un bon de trois cents francs sur la poste, en avertissant son fils que c'était le dernier argent qu'il aurait de lui. En recevant cette lettre, Richard alla consulter un homme de loi pour savoir si son père avait réellement le droit de lui suspendre sa pension. Le jurisconsulte répondit que oui. Cette réponse dégoûta Richard d'une profession qui protégeait de tels abus, et il renonça au barreau. Mais comme il lui fallait un état pour vivre, il se fit poëte. Richard était d'une grande ignorance en matière de vie pratique; il eut la faiblesse d'acheter un mobilier, et commit cette imprudence au nez d'une douzaine de créanciers qui se déclarèrent en insurrection. Tous les matins, Richard reçut des ballots de papier timbré, dans lesquels on lui demandait de l'argent, et où on allait même jusqu'à l'appeler négociant. Un jour, un monsieur très mal mis, qui déclara être un huissier, accompagné de deux hommes maigres, se présenta chez Richard pour opérer une saisie. Comme il dressait procès-verbal, un autre monsieur, également mal mis, suivi de deux autres hommes maigres, se présenta également pour saisir. Voyant l'embarras dans lequel les deux huissiers se trouvaient, Richard leur offrit des cartes, et leur proposa de jouer à l'écarté lequel des deux ferait la saisie. Ils répondirent qu'ils savaient ce qu'ils avaient à faire. et se retirèrent. Un soir, en rentrant chez lui, Richard trouva à la porte de sa maison une petite affiche qui renfermait le programme de son mobilier, dont la vente était annoncée pour le lendemain. Le lendemain au matin, on vint, en effet, enlever ses meubles. Le propriétaire de la maison retint, en garantie des loyers, les objets que la loi laissait à Richard, qui se trouva dans la rue avec un petit paquet contenant son linge et un petit carton qui contenait des vers.

Il se ressouvint alors qu'il devait avoir une maîtresse quelque part, et courut chez elle. La belle, qu'il n'avait point vue depuis un mois, était partie depuis huit jours, et logeait on ne savait où. Richard courut chez tous ses amis, et n'en put rencontrer aucun. Ne sachant où aller, il passa la nuit à se promener dans la campagne. Le matin, en rentrant en ville, comme il passait dans la rue de l'Ouest, qui longe le jardin du Luxembourg, il vit tomber à ses pieds un joli mouchoir de batiste garni de dentelle, et presque au même instant il entendit un petit cri en l'air. Comme il relevait la tête après avoir ramassé le mouchoir, il aperçut au balcon d'un sixième étage une jeune femme qui lui faisait des signes, comme pour indiquer que l'objet lui appartenait.

« Il y aura sans doute une récompense, » pensa Richard en entrant dans la maison.

« Où allez-vous? lui demanda le portier.

— Je vais chez madame ou mademoiselle M. V., répondit le jeune homme, qui avait examiné les initiales brodées au coin du mouchoir. Elle loge tout en haut, à côté de la girouette.

— Mademoiselle Madeleine, alors, dit le portier. C'est bien.

— Elle s'appelle Madeleine, murmura Richard; je lui proposerai de se repentir avec moi. Ce mouchoir a une odeur d'aventure, » ajouta-t-il.

Sur le carré du sixième étage, une jeune femme vint au devant de lui. Elle était vêtue d'un joli négligé printanier, et accueillit Richard avec un sourire qui semblait indiquer un aimable caractère.

Richard se préparait à répondre au gracieux remercîment qu'elle lui avait adressé, et déjà il avait exécuté une attitude, c'est-à-dire une certaine position qu'il prenait ordinairement devant les femmes; mais il ne put point conserver une gravité irréprochable. La rapidité avec laquelle il avait monté les six étages lui avait tellement coupé la respiration qu'il ne put dire un mot et fut obligé de s'arrêter pour souffler.

Par politesse, la jeune dame l'invita à entrer un moment chez elle pour se reposer. Elle n'avait pas achevé sa proposition, que Richard était déjà dans la chambre, et se laissait tout d'une pièce tomber dans un fauteuil.

« Ah! s'écria-t-il avec un sourire de béatitude, l'excellent fauteuil que vous avez là! il est moelleux comme un nuage. » Et, s'étendant avec nonchalance, il croisa ses jambes l'une sur l'autre, resta les yeux grands ouverts, sans direction arrêtée, et ne dit plus un mot.

La dame le regarda un instant avec étonnement.

« Il est sans gêne, ce monsieur, » pensa-t-elle.

Et, comme pour fournir un sujet de rentrée dans la conversation, elle ouvrit son piano et commença un formidable placage d'accords. Richard ne bougea pas.

La dame s'approcha de lui, impatientée, et le regarda bien en face.

« Ah! c'est trop fort! » dit-elle en remuant une chaise.

Richard s'était endormi.

« Monsieur, s'écria la jeune femme en lui frappant sur l'épaule, Monsieur! »

Richard remua un peu, entr'ouvrit les yeux et murmura entre ses dents :

« Laissez-moi donc tranquille. Je vous ai déjà dit que je n'avais pas d'argent. »

La jeune femme poussa un éclat de rire si bruyant que Richard se réveilla.

« Ah! parbleu! s'écria-t-il d'abord, voilà un délicieux fauteuil. » Et il commença une litanie d'excuses, semée de madrigaux, dont mademoiselle Madeleine ne parut pas se fâcher.

« Mais, dit-elle en souriant, vous étiez donc bien fatigué, Monsieur?

— Voilà deux jours que je n'ai dormi, Madame. C'est toute une histoire; je vais vous la conter, ça ne sera pas long.

— Tant mieux, reprit Madeleine, car j'ai à sortir.

— Que je ne vous gêne point, Madame, répliqua Richard, je vous conterai mon histoire quand vous reviendrez.

— Et si je ne revenais point?

— Alors, je vais vous la dire tout de suite. »

Et il raconta ses aventures à Madeleine, qui rit comme une folle.

Au même instant un violent coup de sonnette retentit à la porte.

« Ah ! mon Dieu, fit Madeleine en devenant toute pâle. Je n'y pensais plus, c'est lui.

— Lui ! ah ! très bien, j'y suis, dit Richard ; je vous gêne ; pardon, je me retire.

— Non, non, dit Madeleine ; entrez là-dedans pour un moment, je vous en prie ; il est si jaloux ! hier encore, il m'a fait une scène horrible parce qu'il m'avait rencontrée avec quelqu'un.

— C'est ridicule, fit Richard en entrant dans une seconde pièce.

— Je vais faire en sorte de le renvoyer bien vite, fit Madeleine ; dans dix minutes, vous aurez votre liberté. »

Et, fermant la porte de la chambre où Richard était caché, elle alla ouvrir celle où l'on venait de sonner.

Un monsieur se précipita dans la chambre : c'était un Othello pourpre, et il exécuta un solo de jalousie auprès duquel la terrible colère du Maure de Shakspeare n'eût été qu'un madrigal élégant. Madeleine le laissait dire, en limant très tranquillement ses ongles avec un joli petit instrument ; de temps en temps elle haussait les épaules.

« Mais défendez-vous donc, malheureuse ! défendez-vous donc ! criait le monsieur en faisant des gestes qui paraissaient inquiéter les objets d'art posés sur la cheminée ou accrochés au mur.

— C'est le balcon de Jenny l'ouvrière...

chantonna Madeleine d'une voix claire en regardant fixement son jaloux.

— Ah !... non, dit celui-ci, vous ne pouvez plus vous défendre maintenant. Voici une preuve que vous me trompez. » Et il montrait une canne oubliée par Richard.

« Est-ce que vous avez besoin de preuve pour en être sûr ? répliqua Madeleine, dont le visage arborait une impertinence suprême. Mais regardez-vous donc un peu dans ma glace, mon cher, et vous verrez que vous n'êtes pas bâti pour exiger fidélité, constance, etc. » Et elle reprit sa chanson :

« C'est le balcon de Jenny l'ouvrière...

— Madeleine, dit le monsieur en hachant entre ses dents serrées sa moustache rousse, Madeleine, si vous ne me retenez pas, je m'en vais.

— Au cœur content, qui vit de peu... »

continua la jeune femme. Et du doigt elle indiqua la porte.

« Il suffit, » répliqua l'autre. Et il sortit en prenant l'attitude d'un traître de mélodrame qui s'écrie : « Dissimulons. »

« Et vive la liberté ! » s'écria Madeleine en allant ouvrir à Richard.

« Eh bien, lui dit-elle, vous m'avez conté votre histoire, je n'ai pas besoin de vous dire la mienne. Qu'est-ce que vous en pensez ? »

Richard, un peu étonné, regarda Madeleine, qui avait levé sur lui ses yeux clairs. Il prit la jeune femme par la main et la conduisit sur le balcon, d'où l'on apercevait le jardin du Luxembourg. Un doux vent faisait bruire les feuillages, où chantaient des orchestres d'oiseaux, et de bonnes odeurs couraient dans l'air. Richard et Madeleine se regardaient toujours sans parler ; mais il leur avait suffi de quelques regards pour rédiger leur contrat de mariage.

« La vue est charmante ici. Je serai très bien pour travailler, » dit Richard.

Madeleine avait vingt ans, juste cinq ans de moins que son acte de naissance. C'était une charmante volage du pays d'outre-Seine, où elle avait acquis une célébrité, non point parmi les étudiants, qu'elle fréquentait peu, mais au milieu de cette population quasi-artistique et littéraire qui s'est réfugiée dans les pays ultra-pontins, sans doute à cause du bon marché de la vie et d'une certaine liberté d'allures qui ne serait point de mise de ce côté-ci de la Seine. En vivant avec des jeunes gens qui faisaient de l'art en guérillas, Madeleine avait appris ce langage particulier né dans les coulisses et les ateliers, et dont chaque phrase est une ménagerie de néologismes féroces, idiome réaliste dont les mots ont presque l'aspect des choses qu'ils expriment, et font le tourment des Saumaises préposés à la confection du dictionnaire. Madeleine était donc une amusante et spirituelle créature, ayant le rire facile de la gaieté sincère, et sachant parler d'autres choses que de chiffons, de bals ou d'amourettes. — Sa chambre était presque une académie, et son cœur un album. Lorsqu'on lui demandait le pourquoi de sa liaison avec les peintres, les poëtes et les musiciens, elle répondait en souriant :

« Ah bah ! il faut bien encourager les arts. »

Avec une franchise que les gens timorés eussent

appelée du cynisme, elle avait prévenu Richard sur ses variations de sentiment.

« Rappelle-toi l'histoire du mouchoir, lui avait-elle dit.

— Que veux-tu ! répondit Richard. Si tu n'étais pas ainsi, je ne t'aurais jamais connue. Je n'aurais point bon air à me fâcher d'une chose dont j'ai profité. Seulement, toutes les fois qu'il t'arrivera d'avoir une fantaisie, je préfère la franchise ; ça t'épargnera d'ailleurs des frais de diplomatie.

— Ces choses-là sont toujours désagréables à dire, fit Madeleine. Mais écoute, j'ai un moyen : nous aurons une tire-lire, et, toutes les fois que j'aurai un caprice, je mettrai un jeton dans la tire-lire : un jeton blanc pour les caprices blonds, un jeton rouge pour les bruns. »

Richard trouva l'idée originale.

« Nous casserons la tire-lire tous les trois mois, et nous ferons nos comptes, » dit Madeleine.

Richard riait de plus en plus.

« Ça te va-t-il ? dit Madeleine.

— C'est drôle. Ça me va ! »

Seulement Richard s'arrangea de façon à régulariser sa position. Il se procura un emploi qui pût le faire vivre.

Comme il racontait un jour à un de ses amis le singulier traité qu'il avait conclu avec Madeleine, son ami ne put s'empêcher de lui dire :

« Alors, tu n'en es pas amoureux.

— Je vais t'ouvrir mon cœur, répondit Richard : ce que j'aime dans Madeleine, c'est son fauteuil.

— Quelle est cette plaisanterie? dit l'ami.

— C'est très sérieux, dit Richard ; c'est le seul fauteuil dans lequel j'aie pu travailler. Pourquoi? Je n'en sais rien, mais cela est ainsi. Dix fois j'ai voulu me fâcher avec Madeleine et me séparer d'elle; mais, quand je voulais m'en aller, mes yeux tombaient sur le fauteuil, je m'asseyais dedans, et je restais. »

Un autre ami, qui ne connaissait point Madeleine, ayant rencontré Richard, lui demanda s'il avait une maîtresse.

« Oui, répondit-il.

— Est-elle jolie?

— Très jolie ; elle est en velours rouge, avec des clous dorés, et elle a un dossier qui représente des Chinois pêchant à la ligne.

— Qu'est-ce que vous me chantez là? dit l'ami.

— Pardon, fit Richard, je pensais à son fauteuil. »

Son ami le crut fou.

Un jour, il lui prit la fantaisie de visiter la tire-lire, pour voir où il en était avec Madeleine, et comme il ne voulait pas la casser, il fit sortir les jetons par la fente.

Il y en avait trois : deux blancs et un rouge.

« Les blonds ont la majorité, » dit-il en riant. Et il remit les jetons dans la tire-lire.

Néanmoins, si cuirassé qu'il se crût, il ne put s'empêcher d'être un peu triste.

« Décidément, ça ne peut pas durer comme cela ; quand il y aura dix jetons, je m'en irai. Qu'est-ce qui pourrait me retenir ici? Je ne suis pas amoureux de Madeleine. »

« Tu n'es pas amoureux, hein? » fit-il en se frappant la poitrine à l'endroit du cœur.

Il sentit son cœur qui battait légèrement.

« Il dit non, j'en étais bien sûr. »

Un mois après, il fit une nouvelle autopsie de la tire-lire.

Il y avait sept jetons : quatre rouges et trois blancs.

« Bon, dit Richard, les bruns ont repris l'avantage. Voyons, j'attendrai qu'il y en ait dix, et je parie pour les blonds. »

Deux mois après, il trouva les dix jetons : cinq rouges et cinq blancs.

« C'est ennuyeux, murmura Richard ; j'aurais pourtant bien voulu savoir qui l'emporterait des rouges ou des blancs ; je vais attendre qu'il y ait une majorité. »

Au bout de quelque temps, il consulta la tire-lire ; il avait gagné son pari : les blonds avaient la majorité. « Maintenant, dit Richard, je vais m'en aller. » Il essaya de se lever du fauteuil où il était assis ; mais, dans le mouvement qu'il fit, il lui parut qu'un fil invisible lui tirait le cœur.

« Ah ! c'est trop-fort ! dit Richard. Qu'est-ce qui me retient donc là ? »

Une voix, qui paraissait sortir du fauteuil, répondit :

« C'est l'habitude. »

CHRISTINE

I

C'était pendant une nuit de carnaval. Il y avait bal à l'Opéra, et le quartier Latin était tout en émoi. A chaque instant, on entendait retentir les clameurs des mascarades qui passaient dans les rues éclairées par les lanternes multicolores des costumiers. Une heure du matin venait de sonner à l'horloge du Palais-de-Justice.

Une femme qui, pendant toute une partie de la soirée, s'était promenée dans l'allée du marché aux Fleurs, quitta le quai au moment où les derniers sons de l'horloge s'éteignaient dans l'air rendu opaque par le brouillard, et se dirigea rapidement vers le Pont-au-Change. Arrivée au milieu du pont, et après avoir observé, et pendant un instant prêté l'oreille autour d'elle, comme pour s'assurer de sa solitude, elle s'approcha du parapet faisant face à la pompe Notre-Dame, et, les coudes posés sur la pierre, la tête appuyée dans ses mains, elle regarda l'eau qui grondait, plu étroitement resserrée entre les quais dans cet endroit, l'un des plus dangereux du bassin de la Seine.

Le temps était pluvieux et triste. Des troupeaux de nuages éperonnés par des rafales de vent galopaient dans le ciel, et se faisaient éventrer au passage par les rayons blafards d'une pleine lune, lugubre comme un astre apocalyptique...

Pendant un quart d'heure, et sans quitter son attitude, cette femme écouta le bruit lamentable de la rivière enflée, dont les flots bourbeux s'engouffraient sous les arches du pont, comme dans des gueules monstrueuses. Un bec de gaz, qui se trouvait à quelques pas, éclairait assez pour laisser distinguer le costume misérable et les traits de cette femme, qui paraissait avoir vingt-quatre ou vingt-cinq ans.

Malgré le suicide qu'elle méditait évidemment, son visage ne trahissait aucun signe de la lutte qui devait l'agiter intérieurement. Elle n'était point jolie dans le sens vulgaire du mot, mais sa physionomie avait une irrégularité charmeresse que les bourgeois eussent appelée du piquant, et les artistes du caractère. Le front surtout avait une fierté remarquable et semblait une enseigne d'intelligence. Les bandeaux de cheveux noirs qui l'encadraient faisaient une antithèse d'ébène avec sa blancheur éclatante comme le ton de l'ivoire neuf. Les yeux, d'un bleu gris, pâle, pareil à la fleur des myosotis, avaient le regard pacifique et rêveur que les peintres allemands de l'école naïve donnent à leurs madones. Ils éclairaient d'une lueur douce la tristesse résignée, mais parfaitement calme, empreinte sur le visage de cette créature, que le désespoir sans doute penchait au-dessus d'un abîme : car il n'était pas besoin de l'examiner longtemps pour lire sur son front le martyrologe de son cœur.

Malgré les précautions qu'elle avait prises, la jeune femme avait un témoin qui, depuis dix minutes, caché derrière un des lampadaires du pont, épiait tous ses mouvements. Ce témoin était un jeune homme :

il était vêtu d'un long manteau, dont les plis, en s'entr'ouvrant, laissaient voir un costume de pierrot. Ses mains étaient irréprochablement gantées de blanc. Un nuage de farine étalé sur sa figure n'éteignait qu'à demi l'éclat d'une santé florissante. Il était chaussé d'escarpins en cuir verni blanc, et coiffé d'un grand bonnet conique, orné de plumes qui se tordaient au vent, pareilles à des flammes de punch. Un trio de petites sonnettes carillonnait au sommet de cette coiffure.

A l'instant où la jeune femme rompait enfin son immobilité, et s'apprêtait à retirer le méchant châle qui lui couvrait les épaules, le pierrot, qui n'avait plus de doutes sur le dessein qu'elle méditait, profita d'un moment où la lune disparaissait sous un archipel de nuages noirs comme de l'encre pour quitter sa cachette, et il s'approcha si rapidement et si doucement à la fois de la jeune femme qu'il l'avait éloignée du parapet où elle se penchait déjà sans qu'elle eût pu s'apercevoir de sa présence.

Aussi, en voyant un homme à ses côtés, elle poussa d'abord un cri d'étonnement, en même temps que ses yeux exprimaient un reproche.

« Que me voulez-vous, Monsieur? » dit-elle en essayant de dégager ses mains d'entre celles du jeune homme.

Celui-ci ne répondit pas d'abord : il examinait la jeune femme avec l'attention inquiète d'un homme qui cherche à deviner une énigme.

« Je ne suis pourtant pas ivre, et je ne rêve pas, murmurait-il. Je connais cette femme. »

« Je vous connais, Madame, ajouta-t-il tout haut en approchant son visage si près de celui de la jeune femme que celle-ci se pencha en arrière, et, dans un moment brusque et inattendu, parvint à retirer ses mains.

— Monsieur !... dit-elle d'une voix vibrante de colère, laissez-moi ! » Et, reculant de deux pas, elle s'adossa au parapet, croisa ses bras sur sa poitrine, et dit d'un ton presque suppliant :

« Je vous en prie, Monsieur,... passez... laissez-moi...

— C'est sa voix... c'est sa voix !... répéta le pierrot. Je la reconnais.

— Vous vous trompez, Monsieur. Je vous assure, dit la jeune femme... vous vous trompez...

— Cette fois, je suis sûr, reprit le jeune homme.

Je vous connais, Madame... et je vais vous le prouver...

— Mais non, Monsieur, répéta la jeune femme en haussant les épaules... vous ne me connaissez pas... et vous ne pouvez pas me connaître... heureusement, ajouta-t-elle à voix basse, comme si elle achevait une pensée.

—..... Et je vais vous le prouver, continua le pierrot... Je vais vous dire votre nom...

— Mon nom !... »

Un tressaillement agita le corps de la jeune femme et un sourire de doute effleura ses lèvres.

« Monsieur, dit-elle doucement... laissez-moi ; je vous en prie... Je vois à votre costume que vous allez au bal masqué, à l'Opéra sans doute... Vous allez y chercher le plaisir, les aventures, les intrigues. Vous trouverez tout cela. Mais attendez que vous soyez à l'Opéra... et cessez cette plaisanterie. Vous savez bien que vous ne pouvez pas me connaître, pas plus que je ne vous connais...

— Je ne plaisante pas, Madame... et je bénis le hasard qui m'a envoyé la pensée de vous suivre et de m'opposer à la tentative que vous méditiez, et que vous auriez sans doute accomplie sans ma présence. Je ne serais qu'un inconnu, j'aurais le droit de me placer entre vous et le désespoir qui vous amène, à cette heure, en cette place, où je vous retrouve pâle et glacée, quand je vous croyais encore où je vous ai vue ce matin, où je vous vois tous les jours depuis un mois... — ici près, dit le jeune homme en étendant le bras dans la direction des tours Notre-Dame, dont on apercevait confusément la masse gigantesque; là, à l'Hôtel-Dieu.

— A l'Hôtel-Dieu! s'écria la jeune femme en s'approchant à son tour. — Qui vous a dit, Monsieur? Comment savez-vous?...

— Oui, à l'Hôtel-Dieu, où vous étiez ce matin, et où l'on vous nommait le n° 15 de la salle Sainte-Cécile. Eh bien! Madame... nous ne sommes pas au bal, et vous voilà pourtant intriguée. Croyez-vous que je vous connaisse, maintenant?

— Monsieur, dit la jeune femme, vous avez raison: Vous me connaissez... je ne chercherai pas à le nier. J'étais venue ici pour mourir, vous l'avez deviné; je ne le nierai donc point non plus. Le hasard étrange qui vous a poussé vers moi a pu retarder l'exécution

de mon projet; mais je ne l'accomplirai pas moins...
J'allais mourir... Tous mes sentiments étaient éteints.

— Si malheureuse qu'elle ait été pour moi, je n'ai dans le cœur aucune rancune contre la vie que j'allais quitter. — Regardez-moi en face, Monsieur, et vous ne verrez dans mes yeux aucun regret. — Il y a dix minutes, il n'y avait plus de vivant en moi que ma pensée de mourir ; mais l'étrange révélation que vous venez de me faire y a réveillé un sentiment, — la curiosité : — je suis femme. — Qui êtes-vous, Monsieur, et comment savez-vous les détails que vous venez de me rappeler?...

— Je vous dirai tout... Christine, — dit à voix basse le jeune homme.

— Mon nom!... Vous savez aussi mon nom... C'est étrange! » s'écria la jeune femme. Et, s'approchant à son tour du jeune homme, elle l'examina curieusement à la clarté du bec de gaz.

« Je ne sais si je vous ai vu, dit-elle..... mais cela serait, que votre déguisement et ce blanc qui cache votre visage m'empêcheraient de vous reconnaître.

— Christine, dit le jeune homme, je demeure à deux pas d'ici, — sur le Quai-aux-Fleurs, où vous

vous êtes promenée toute la soirée. — Je vous ai aperçue de ma fenêtre, mais sans vous reconnaître alors, et j'ai pensé que vous attendiez quelqu'un.

— J'attendais, au contraire, qu'il n'y eût plus personne dehors, répondit la jeune femme.

— Comme je descendais de chez moi, — je vous ai encore vue vous diriger sur ce pont, vous arrêter au milieu, et vous pencher sur le parapet. — J'ai compris alors que vous méditiez un suicide, et je vous ai guettée, me tenant prêt à vous retenir. — Ah! dit le jeune homme, je m'explique maintenant l'attraction singulière qui m'attirait à ma fenêtre, et l'étrange inquiétude qui m'a agité toute la soirée. — C'était un pressentiment.

— Mais, Monsieur, cela ne me dit pas encore qui vous êtes... et vous m'aviez promis...

— Ce lieu n'est pas convenable pour causer, dit le pierrot. — Venez chez moi, Madame; — et là je vous dirai tout. — Ah! fit-il encore, — c'est Dieu qui a permis cette rencontre. »

Toutes ces réticences, et l'animation du jeune homme dans ses gestes et ses paroles, ne firent qu'augmenter la curiosité de celle qu'il appelait

Christine. Elle resta un moment silencieuse et pensive, les yeux fixés sur le pierrot, rappelant tous ses souvenirs, et cherchant, mais en vain, à retrouver une figure connue, sous la pâleur funambulesque de ce visage.

« Ah! dit le jeune homme, qui s'aperçut de cet examen, — vous ne me reconnaîtrez pas ici. — C'est inutile. Vous m'avez vu pourtant, ajouta-t-il d'un accent triste. — Vous m'avez vu souvent, mais comme on voit en passant dans la rue, sans me remarquer.— Chez moi, je vous dirai tout. » Et il offrit son bras à la jeune femme.

« Eh bien! oui, dit-elle, — j'irai chez vous; — mais c'est à la seule condition que j'y resterai seulement le temps de satisfaire un accès de curiosité qu'on pourrait presque appeler posthume, — ajouta Christine en souriant : car je vous le répète, Monsieur, — j'ai encore toutes les apparences de la vie, — mais je suis morte.

— Ah! ne dites pas cela, ne dites pas cela, s'écria le jeune homme avec une tendre inquiétude : nous vous sauverons.

— Ce n'est pas moi qu'il faut sauver, répondit

Christine, comme si elle se fût parlé à elle-même; c'est un autre; — et voilà pourquoi je dois mourir. — Il est une heure et demie, ajouta-t-elle en entendant sonner l'horloge voisine. — A deux heures je sortirai de chez vous. A deux heures, cela est bien convenu; et j'exige, en outre, la promesse qu'une fois partie, vous n'essayerez point de me suivre. — Si vous ne prenez pas cet engagement, — je renonce à vous accompagner. »

Le pierrot parut hésiter un moment.

« Si, après avoir entendu ce que j'ai à vous dire, vous persistez encore dans votre projet, — si je ne sais pas trouver un mot, un accent, un cri, qui vous rattachent à la vie, vous serez libre, Madame, dit le jeune homme.

— C'est bien, répliqua la jeune femme en s'emparant du bras de son compagnon. Maintenant, partons. »

Au bout de quelques minutes, ils entraient dans une chambre confortablement meublée; elle était située au troisième étage, et les fenêtres ouvraient effectivement sur le Quai-aux-Fleurs.

Une lampe était encore allumée sur un guéridon où

se trouvaient les restes d'un souper, et un grand feu flambait dans la cheminée.

Pendant le trajet du pont à la maison, le jeune homme avait senti le bras de sa campagne trembler sous le sien, et, en entrant dans la chambre, attiédie par une douce chaleur, elle ne put s'empêcher d'exprimer une expression de bien-être. — Et, malgré elle peut-être, en apercevant ce beau feu clair qui rougissait l'âtre, — elle s'approcha de la cheminée — avec la convoitise d'un affamé qui voit du pain, et tendit à la flamme ses mains meurtries par les morsures de la bise.

« Vous avez froid, Christine, dit le jeune homme en approchant un fauteuil. Asseyez-vous, dit-il, et reposez-vous un moment.

— Merci, Monsieur, répondit Christine. Je n'ai pas froid... je suis bien... Mais nous n'avons qu'une demi-heure, ne perdons pas de temps. — Parlez, je vous en prie, comment me connaissez-vous ? où m'avez-vous vue ?

— Mais vous voyez bien que vous tremblez... Vos vêtements, mouillés par le brouillard, fument encore. Aussi quelle imprudence ! pourquoi sortir de l'hôpital? — Vous commenciez à mieux aller. — C'est volontairement détruire en un jour l'œuvre d'un mois de soins.

— Volontairement, en effet, Monsieur. — Mais il ne s'agit point de cela. — Vous êtes bon, jeune, plein de pitié, je le vois; ma misère vous émeut peut-être, dit Christine en jetant un regard sur ses pauvres vêtements. — Vous voudriez m'empêcher de mourir, — me secourir, — à des conditions, — ou même sans conditions, ajouta-t-elle avec vivacité, pour réprimer un geste de protestation échappé au jeune homme. — Mais, je vous le répète, je ne suis point venue chez vous pour cela. Je vous remercie de vos soins et des intentions charitables que vous pourriez avoir. — Je ne meurs pas à cause de ma misère, la mienne est volontaire. Je meurs parce qu'il le faut, c'est une nécessité. — Il est quelqu'un pour qui je suis un péril vivant. — Mais voyez, il est déjà deux heures moins un quart. — Que de temps perdu! Finissons-en. — Parlez, je vous écoute. D'où et comment me connaissez-vous?

— J'ai à vous dire des choses graves, Christine, répliqua le jeune homme. — Permettez-moi d'aller quitter ce déguisement. — Je reviens dans une seconde. » Et il passa dans un cabinet voisin.

« D'où vient que je suis presque émue? murmura Christine quand elle se trouva seule dans la chambre de Lucien. Est-ce seulement une vaine curiosité qui m'a fait venir ici? Alors pourquoi cette inquiétude, cette appréhension, qui m'agitent? — Mon cœur bat, dit-elle en posant sa main sur sa poitrine. — Mon cœur bat... et depuis que je suis entrée dans cette chambre, un instinct de résistance s'élève en moi comme pour combattre cette résolution qui serait accomplie maintenant sans cette rencontre. — Cela est étrange ! Que va-t-il arriver? — Il n'importe ! » reprit-elle après un court silence. Et avec un geste de souveraine volonté, elle ajouta : « Quoi qu'il arrive, ce qui doit être sera. »

Comme ses regards erraient machinalement autour d'elle, Christine aperçut sur la cheminée le brouillon d'une lettre entr'ouverte dont l'écriture la fit tressaillir.

« Ah! c'est étrange! » dit-elle en approchant la lettre de la lampe. Et elle la parcourut rapidement du regard. — Puis, tirant de sa poitrine un papier qui s'y trouvait caché, elle l'ouvrit et parut comparer l'écriture avec celle de la lettre.

« C'est bien de lui cette lettre, fit-elle tout bas. — Mais comment cette lettre, qui m'est destinée, se trouve-t-elle ici? Ce jeune homme connaît donc M. Lucien? Oh! mon Dieu, pourvu que ce ne soit pas Lucien lui-même! — Cette fois encore, la fatalité serait la plus forte. » Et Christine se laissa tomber comme anéantie dans un fauteuil.

En ce moment le jeune homme sortait du cabinet où il avait été changer de costume. Il s'avança doucement auprès de Christine, qui avait détourné la tête de son côté, et, se plaçant dans le rayon lumineux de la lampe, comme pour se mettre en vue, il garda un moment le silence, sans doute pour laisser à sa compagne le temps de l'examiner et de le reconnaître.

Au premier coup d'œil qu'elle avait jeté sur lui, Christine parut toute bouleversée.

« Je me rappelle maintenant, — je me rappelle, dit-elle à demi-voix.

— Vous me reconnaissez donc? dit le jeune homme, dont le regard rayonna d'un éclair de joie.

— Monsieur, dit Christine — en montrant le billet

13

qu'elle avait trouvé sur la cheminée, — avant votre retour, cette lettre qui est tombée sous mes yeux m'avait fait soupçonner chez qui j'étais. — C'est bien vous qui avez écrit cette lettre? » demanda-t-elle avec un accent qui exprimait encore un dernier doute.

Le jeune homme fit un signe de tête affirmatif.

« Vous êtes monsieur Lucien ?

— Oui...

— Alors, dit Christine en se levant de son fauteuil, il n'y a plus de mystère. — Puisque vous êtes monsieur Lucien, ajouta-t-elle, reprenons chacun notre chemin. — Vous, Lucien, allez au bal, — et moi j'irai où j'allais quand vous m'avez rencontrée. Je ne m'étonne plus que vous connaissiez les détails qui avaient pu tout à l'heure éveiller ma curiosité quand je vous croyais un inconnu. — Nous n'avons rien à nous apprendre, Monsieur; — et maintenant surtout l'heure est plus que jamais venue de nous séparer.

— Mais, demanda Lucien, où voulez-vous donc aller ?

— Où j'allais quand vous m'avez rencontrée, dit-elle froidement.

— Et vous croyez que je vous laisserai partir? dit le jeune homme en cherchant à prendre ses mains dans les siennes.

— Avez-vous oublié la promesse que vous m'avez faite? répondit Christine, et aurai-je à me repentir de m'être fiée à vous?

— Je vous laisserai partir si vous l'exigez, répliqua Lucien, mais quand vous m'aurez assuré que vous renoncez à votre fatal projet. — Vous, mourir! s'écria-t-il avec une exaltation croissante; vous, mourir!... Je vous aurais rencontrée, amenée chez moi, et je vous laisserais partir quand vous me dites que vous sortez d'ici pour retourner à la mort! — Quand vous me dites cela à moi, — à moi qui vous aime!

— C'est parce que vous m'aimez, Monsieur, qu'il faut que je meure, » dit Christine.

« C'est étrange! pensa Lucien en regardant la jeune femme. — Le docteur L... a raison, il y a de la folie dans son mal.

« Mais, lui demanda-t-il doucement après qu'il l'eut obligée à se rasseoir... comment se fait-il qu'après vous avoir vue, ce matin, à l'Hôtel-Dieu, couchée dans le lit n° 15 de la salle Sainte-Cécile, — comment se fait-il que je vous aie retrouvée ce soir sur le pont? Quel grave événement a pu vous faire quitter l'hôpital? — Vous n'étiez pas guérie, Christine; vous le savez bien, puisque ce matin, en passant sa visite, le docteur vous a dit que vous en aviez au moins pour un mois encore ; je ne sais même pas comment vous avez pu marcher, étant aussi faible que vous paraissiez l'être. — Mais comment donc vous a-t-on permis de partir? — En vérité, cela est incroyable. — J'étais encore à trois heures à l'Hôtel-Dieu, où j'avais été retenu par un cours ; et, comme je passais dans votre salle, je vous ai aperçue dans votre lit : c'est donc depuis ce temps-là seulement que vous avez pu quitter l'hospice? — Mais pourquoi? grand Dieu! pourquoi? — voilà qui me confond.

— Écoutez, monsieur Lucien, dit Christine, puisque vous m'interrogez, je vais répondre. — Une demi-confidence ne servirait à rien. — Aussi vous dirai-je tout. — Je sais que vous direz, comme le docteur L..., qu'il y a de la folie dans mon mal; mais tout ce que vous pourrez dire pour me convaincre sera inutile; ce qui doit être sera, — répéta de nouveau la jeune femme avec une grande énergie d'accent et de regard. — Vous me demandez pourquoi j'ai quitté l'Hôtel-Dieu aujourd'hui : — reconnaissez-vous cette lettre? dit-elle en tirant de son sein le billet auquel elle avait précédemment comparé la lettre trouvée sur la cheminée.

— Oui, dit Lucien : c'est le billet que je vous ai fait remettre tantôt par l'infirmière de votre salle.

— A trois heures... n'est-ce pas?

— A trois heures, en effet, répondit Lucien.

— Eh bien, dit Christine, à quatre heures j'avais quitté l'Hôtel-Dieu, et c'est votre lettre qui m'en a fait sortir.

— C'est ma lettre qui vous a fait sortir? répéta machinalement Lucien... C'est à cause de moi que, dans l'état où vous étiez, pouvant marcher à peine, vous avez quitté l'hôpital? — Mais cette lettre, vous l'aurez mal lue, mal comprise ; — vous m'avez mal jugé, Christine, dit le jeune homme, écrasé par cette révélation. — Ce que mes lettres précédentes vous disaient, celle-ci le répétait. — Je vous aime, je vous aime.

— C'est parce que vous m'aimez que je suis partie, répondit Christine.

— Mais pourquoi voulez-vous mourir? répliqua

vivement Lucien en jetant sur la jeune femme un regard tellement interrogateur qu'une aurore rosée empourpra subitement la pâleur de son front.

— Pourquoi je veux mourir? dit-elle à voix basse. — Pourquoi? — Écoutez-moi, monsieur Lucien, et promettez-moi de répondre avec franchise aux demandes que je vais vous faire; — ensuite ma sincérité répondra à la vôtre. Quel âge avez-vous?

— J'ai vingt-trois ans.

— Depuis quand croyez-vous m'aimer? — Depuis quand m'aimez-vous?

— Depuis le jour où, suivant la visite du docteur L..., je vous ai rencontrée à l'Hôtel-Dieu. Il y avait dans toute votre personne une étrangeté attractive dont je n'ai pu me défendre. En vous voyant étendue sur ce lit de la charité publique, j'ai pensé qu'il fallait que vous fussiez bien malheureuse; et lorsque j'ai appris ensuite que vous ne receviez point de visites comme les autres malades, cet abandon dans lequel vous étiez m'a ému le cœur d'une profonde pitié, et je vous aimai, Christine. — Cet amour n'a aucune ressemblance avec les caprices ou les fantaisies plus ou moins durables qu'ont pu m'inspirer les femmes que j'ai connues jusqu'ici. C'est un sentiment sérieux, une passion profondément enracinée, qui aura, je le crois, une grande influence sur mon existence. — Je l'ai reconnu dès son origine. — Habitué à vivre parmi des jeunes gens qui ont pour habitude de traiter fort légèrement l'amour, je ne suis ordinairement ni timide ni embarrassé avec les femmes. — Pourtant, je me suis trouvé tout autre en face de vous. — J'osais à peine vous regarder, et encore moins vous parler ; aussi, bien que je sois passé tous les jours devant votre lit, je m'explique parfaitement que vous ayez ignoré mon amour, et que vous ayez peut-être attribué à un autre les lettres que je vous écrivais, et que je n'osais point vous remettre moi-même. Cependant, Christine, si vous m'aviez aimé, vous, malgré tous mes soins, malgré ma discrétion, il est impossible qu'un instinct révélateur ne m'eût pas trahi, — et au fugitif regard que mes yeux jetaient sur vous chaque matin, vous auriez deviné d'où venaient les lettres que vous receviez, et que vous ne lisiez pas, peut-être.

— Je les ai lues, répondit Christine ; mais en supposant que j'eusse voulu y répondre, je n'aurais point pu le faire, puisque ces lettres ne m'indiquaient aucun moyen pour cela, et qu'elles étaient déposées sur ma table pendant mon sommeil.

— Pardonnez-moi si j'en ai agi ainsi, reprit le jeune homme ; — mais, comme je le disais, j'espérais qu'un pressentiment secret viendrait vous avertir. — Cela vous semble puéril, sans doute ; — mais voyez-vous, Christine, je suis jeune encore ; — j'ai foi et respect pour toutes les mystérieuses délicatesses de la passion ; — et, par cela même que j'aimais et que c'était vous qui étiez aimée de moi, il me semblait que vous deviez lire mon amour sur mon front.

— Vous êtes, je le répète, le premier amour sérieux de ma vie. — Jusqu'ici ma jeunesse n'a eu encore que de vagues éveils auxquels mon cœur restait étranger ; mais aujourd'hui je sens mon cœur battre ; et si vous mourez, Christine, hélas ! mon cœur aussi vous suivra dans la mort. »

La jeune femme avait écouté dans une attitude recueillie ces paroles toutes chaudes d'enthousiasme et de passion sincères, prononcées avec un accent qui ne peut se feindre et une grande exaltation.

« Votre amour est réel, dit-elle ; — et c'est un malheur, un grand malheur ; mieux vaudrait cent fois que vous ne m'eussiez pas rencontrée. — Mon Dieu, j'ai pourtant fait ce que je devais faire; — je n'ai point encouragé ce dangereux amour, qui est un trésor d'enthousiasme, de tendresse, et qui renferme toutes les belles poésies de votre âge. — Ah! je vous l'avoue, un instant, Lucien, j'ai été tentée. — Mais, Dieu merci, j'ai su résister à la tentation, — et j'y résisterai. — J'ai dit : — A d'autres tous ces trésors, à d'autres toutes ces tendresses, à d'autres tout ce bonheur, à celles qui peuvent les augmenter en les partageant. — C'était bien du courage. — Mais c'était aussi mon devoir, et je suis partie pour ne pas vous voir: car jusqu'alors je ne vous connaissais pas. — Mon Dieu! s'écria Christine en joignant les mains, vous savez bien que je ne voulais pas le voir! — Pourquoi donc, alors, m'avez-vous mise en face de lui, juste à ce moment même où j'allais mourir?

— Mais, dit Lucien en serrant dans les siennes les mains de sa compagne, qui n'osa pas les retirer, pourquoi êtes-vous partie? — pourquoi voulez-vous mourir? Que signifient toutes ces mystérieuses réticences que je remarque dans vos paroles?

13.

— Pourquoi je veux mourir? s'écria Christine; — c'est pour que vous ne mouriez pas, vous.

— Pour que je ne meure pas! — fit Lucien en se redressant. - Que voulez-vous dire?

— Je veux dire, répliqua Christine en cachant sa tête dans ses mains, — que je ne veux pas que vous alliez rejoindre les autres. — Ah! s'écria-t-elle tout à coup avec un accent de terreur, — je les vois, les fantômes, — les voilà tous les cinq qui viennent me crier d'une lamentable voix : « Femme, qu'as-tu fait de notre jeunesse? Pâle figure aux yeux clairs, pourquoi nous as-tu souri, puisque tu te savais fatale? — Pourquoi nous as-tu permis de t'aimer, puisque tu savais que le baiser mis sur nos fronts par tes lèvres devait y appeler la mort, puisque tu savais que chaque pas que tu faisais à nos côtés nous approchait de la tombe? — Sois maudite, — maudite, — maudite! »

— Christine, — Christine! qu'avez-vous? s'écria Lucien épouvanté, — tandis que la jeune femme, qui s'était redressée sur son fauteuil, jetait des cris déchirants et repoussait du geste l'approche des spectres imaginaires.

— Tenez, dit-elle en étendant les bras, voyez-vous là derrière ? — C'est le groupe des mères, des sœurs et des fiancées, qui toutes s'écrient : « Sois maudite, toi qui as causé leur mort ! — maudite, toi qui nous as vêtues de deuil ; — maudite, toi qui nous agenouilles sur la pierre des sépulcres ! — maudite, maudite, maudite ! »

— Grand Dieu ! — mais c'est de la folie, dit Lucien.

— De la folie, répondit Christine en lui prenant la main ; — non, c'est vrai, Lucien ; — c'est vrai tout ce que j'ai dit. N'allez point croire que ce soit de la folie : — c'est mon histoire. — Malheureux ! s'écriat-elle en le repoussant, — vous m'aimez ! Mais vous voulez donc aller rejoindre les autres, ceux qui sont morts ayant à peine mis le pied dans la vie ? — Mais vous ne comprenez donc pas ? — Mon Dieu ! comment lui faire comprendre ?... Lucien, écoutez, — dit-elle, — si impossible que cela vous paraisse, — tout cela est vrai ; — je ne suis pas une femme ordinaire, cet être de consolation et d'amour que chantent les poëtes.

— Je suis une créature dangereuse, que la fatalité a choisie pour une mission sinistre. — Je suis condamnée à être aimée sans aimer jamais, et l'amour que j'inspire est mortel. — Tous ceux qui m'ont aimée sont morts. Tous ceux qui m'aiment meurent. Tous ceux qui m'aimeront... mourront. — C'est ma destinée. — Le chemin de mes souvenirs est bordé de tombeaux. J'ai vingt-cinq ans, et jusqu'ici, ce que les hommes appellent ma beauté a été un instrument meurtrier. Oui, Lucien, tous ceux qui m'ont aimée sont morts. — Et ces mains pâles que vous voyez là, tremblantes dans les vôtres, ces blanches mains ont ouvert les cercueils de ceux qui les ont baisées. Tous étaient pourtant jeunes, souriants, pleins de santé; et tous sont partis, au midi de leur jeunesse, en face de l'avenir qui s'ouvrait devant eux ; tous sont morts, de mort violente, et sanglante.

L'un s'est noyé sous mes yeux dans une partie de plaisir. — Trois fois je l'ai vu reparaître sur l'eau, ayant encore aux lèvres un sourire d'amour pour moi. — Un autre, un mois après m'avoir connue, a été tué par son père à la chasse. — Il m'a envoyé pour souvenir une branche de bruyère tachée de son sang. —

Le troisième, un adolescent, beau comme l'idéal d'un rêve de jeune fille, s'est empoisonné dans un moment de jalousie.—Un autre s'est fait soldat à cause de moi, et a été tué huit jours après son débarquement en Afrique. Il est mort en jetant mon nom aux échos de l'Atlas. — Le dernier, un poëte, Lucien, — un esprit choisi, une âme divine, — un homme attendu par la gloire, et dont toutes les femmes eussent été fières, — celui-là aussi est mort à cause de moi.—Pour moi il avait renié toutes les muses inspiratrices de son génie. — Esprit indolent et rêveur, pour moi il est descendu dans un travail aride et ingrat; et, après une lutte héroïque, il est mort de fatigue et de misère. — Ce fut le dernier, et sur sa tombe j'ai juré que je quitterais la vie dès qu'un homme me parlerait d'amour. — Alors j'ai cloîtré ma jeunesse dans la réclusion. J'ai vécu solitaire, cachée comme un malfaiteur, dans le silence et dans la misère. Puis un jour la maladie est venue s'abattre sur moi, et un matin je me suis réveillée dans ce lit d'hôpital où vous m'avez rencontrée. — Vous m'avez aimée, Lucien. — Et c'est alors que j'ai fui pour accomplir mon serment et pour que vous ne pussiez jamais me retrouver. — Vous m'avez retrouvée pourtant, et voilà pourquoi il faut que je meure ; parce que, je vous le répète, moi vivante, votre amour est mortel, et vous tuerait comme il a tué les autres. »

Cette étrange révélation laissa Lucien silencieux et rêveur. Il regarda attentivement Christine, et ne trouva rien dans sa physionomie qui pût indiquer un oubli passager de la raison. Elle était, au contraire, redevenue calme, et une sérénité limpide brillait dans l'azur de ses yeux, qui semblaient des astres de mélancolique douceur.

« Christine, dit Lucien, laissez-moi vous aider à chasser ces pénibles idées qui épouvantent votre imagination. Toutes vos terreurs sont des chimères, et il n'y a rien de raisonnablement possible dans ce que vous m'avez dit. Je ne mets pas en doute la vérité de votre récit ; — ceux qui vous aimèrent sont morts, — c'est là un des mystères de la fatalité. — Mais c'est folie de vous attribuer cette terrible influence ; — le hasard a tout fait...

— Oh ! dit Christine en secouant la tête, — n'essayez pas de me convaincre, Lucien : c'est inutile. — Je sais quelle est ma destinée ; toute jeune encore, elle m'a été prédite, et la prédiction s'est bien accomplie.

— Que voulez-vous dire? demanda Lucien.

— C'est un souvenir de ma première junesse que je vais vous raconter. — Il y a bien longtemps, — j'avais quinze ans, et je sortais du couvent, où mon tuteur m'avait placée. — Une de mes amies, que j'avais retrouvée dans le monde, et à qui sa famille laissait toute la liberté que les mœurs anglaises permettent aux jeunes personnes, vint un jour me chercher, et m'emmena avec elle sous le prétexte de faire des emplettes dans les magasins. — Mais au milieu du chemin elle m'avoua que c'était pour une autre raison qu'elle désirait que je l'accompagnasse. — Elle mourait d'envie d'aller consulter une célèbre bohémienne espagnole, et me supplia de la conduire chez elle. — J'y consentis, non sans quelque répugnance, et nous arrivâmes à la demeure de la devineresse, qui avait alors une grande réputation. — Après avoir achevé sa consultation, mon amie me demanda si je n'étais point curieuse de savoir ma destinée, — et je cédai à ses instances. — Je ne prêtai d'abord qu'une attention assez indifférente aux prophéties que la sorcière lisait dans les cartes. — Mais à la fin, elle me prédit des choses si terribles que je fus un instant épouvantée. — La bohémienne, qui était elle-même dans une grande agitation, — me fit tendre la main ; — mais après y avoir jeté un rapide coup d'œil, — elle me repoussa presque avec effroi en murmurant des mots que je n'entendais qu'à demi, mais qui me parurent effrayants. — Je dus presque la forcer à s'expliquer. — Et c'est alors qu'elle me fit cette sinistre prédiction, qui ne s'est que trop accomplie : « Vous serez aimée souvent, et tous ceux qui vous aimeront mourront, me dit-elle. — Puis un jour vous aimerez un homme, et vous mourrez aussi de mort violente et cruelle. »

— Et, demanda Lucien, ceux qui sont morts, les aimiez-vous ?

— J'ai vingt-cinq ans, répondit Christine, — et je n'ai jamais aimé comme j'ai été aimée par ceux qui ne sont plus. — Je les ai regrettés et pleurés comme s'ils eussent été des frères, des amis. — Mais c'est là tout, et je mourrai sans avoir aimé : car vous comprenez bien qu'il faut que je meure, — n'est-ce pas, Lucien ? dit tristement la jeune femme. Pourtant... ajouta-t-elle, ce doit être bon d'aimer...

— Non, Christine, s'écria avec vivacité Lucien,

— vous ne mourrez point, — cela est impossible. — Ce n'est pas sans dessein que le hasard m'a conduit sur vos pas ce soir. — Après tout ce que vous m'avez dit, je comprends votre superstition. — Mais, ajouta le jeune homme, puisque vous ajoutez foi à cette prédiction qui vous a été faite jadis, il faut y croire jusqu'au bout. La bohémienne a dit : « Vous aimerez un jour à votre tour. »

— Et vous mourrez après, murmura Christine ; elle a dit cela.

— Eh bien, reprit Lucien, il faut m'aimer, moi. — Cette fois, notre amour rompra la fatalité ; et, quand même, dit-il avec exaltation, quand je devrais mourir comme les autres, — en fussé-je assuré d'avance, Christine, que je vous dirais encore : Je vous aime, il faut m'aimer, vous.

— Taisez-vous, dit Christine en mettant la main sur la bouche du jeune homme, taisez-vous, Lucien, — je vous écouterais. »

Lucien s'empara de ses mains et les couvrit de baisers.

« Lucien, je vous en prie, laissez-moi, » murmura faiblement Christine.

Mais, en se débattant, son visage se trouva si près de celui du jeune homme, qu'elle sentit ses cheveux effleurer ses joues. Un nuage passa devant ses yeux; elle étendit la main, et se laissa tomber dans le fauteuil.

Quatre heures du matin sonnaient à l'horloge du Palais-de-Justice.

II

Huit jours après, un samedi, Christine et Lucien allèrent ensemble au bal masqué de l'Opéra. Comme ils traversaient la salle de danse, où ils étaient descendus un moment, un formidable galop les sépara, et ils se mirent mutuellement à la recherche l'un de l'autre. Pensant que Christine s'était réfugiée au foyer, Lucien y monta. — Comme il entrait dans l'un des petits salons où quelques personnes se trouvaient seulement, Lucien fut heurté brutalement par deux jeunes gens qui sortaient, et qui ne lui adressèrent aucune excuse.

Lucien fit une observation. Mais aux paroles qu'il avait dites, l'un des deux jeunes gens se retourna, et, s'approchant de Lucien, lui demanda avec un ton plus qu'impertinent ce qu'il réclamait.

A cette riposte inattendue Lucien répliqua très vivement, — et une de ces insultes qui appellent de sanglantes représailles tomba sur la joue de Lucien.

On intervint entre les deux jeunes gens, — qui échangèrent leurs cartes.

Au moment où Lucien quittait le groupe qui s'était formé autour de lui pendant sa querelle, il retrouva Christine.

« Qu'y a-t-il donc? demanda-t-elle en désignant le cercle d'où elle venait de voir son amant sortir.

— Rien, répondit-il tranquillement, une querelle, je crois. » Et, bien qu'arrivés au bal depuis fort peu de temps, Lucien proposa à Christine de se retirer.

Le lendemain, de très bonne heure, — contre son habitude, — Lucien se leva et se prépara à sortir. — Comme Christine, très surprise, lui demandait où il allait aussi matin, il répondit, avec un embarras qui n'échappa point à sa maîtresse, qu'une affaire importante l'appelait au dehors.

Christine resta tourmentée par une vague inquiétude, — que le retour de Lucien augmenta, au lieu de la dissiper.

Pendant la journée, Lucien avait trouvé deux témoins qu'il avait chargés de régler les conditions de sa rencontre avec la personne qui l'avait insulté au bal de l'Opéra. Les choses n'avaient point traîné en longueur. Les seconds des deux parties s'étaient entendus presque sans discussion, et le duel devait avoir lieu le lendemain matin. — Lucien, qui n'avait jamais touché à aucune arme, avait demandé le pistolet.

Afin de cacher son duel à sa maîtresse, Lucien était convenu avec les deux amis qui lui servaient de témoins qu'il passerait chez eux la nuit qui devait précéder sa rencontre; et pour tromper Christine par un prétexte, l'un de ces deux jeunes gens vint, le soir, chez Lucien.

« Qu'est-ce qui t'amène chez nous? demanda à son ami celui-ci en feignant la surprise.

— Je viens t'enlever aux douceurs du foyer, répondit familièrement le jeune homme.

— M'enlever? répliqua Lucien; je ne sors pas ce soir, — il fait trop mauvais temps.

— Il faut pourtant bien que tu viennes, dit l'autre. »

— Et, voyant que Christine devenait attentive, l'ami de Lucien se tourna vers elle en disant :

« Soyez sans crainte, Madame, ce n'est point pour le débaucher, que je veux l'emmener. — C'est un grand service que je veux te demander, dit-il ensuite à Lucien. — Il faut que tu me sacrifies ta nuit. — Je passe demain un examen, — et je compte sur toi pour me faire répéter et m'éclaircir sur certaines questions qui sont encore très obscures pour moi. — Tu es savant comme une bibliothèque ; c'est pourquoi je t'ai choisi de préférence.

— Tu ne pourrais pas remettre ton examen à un autre jour ? demanda négligemment Lucien.

— Impossible, dit son ami. — Je demande bien pardon à Madame, » ajouta le jeune homme en s'adressant à Christine ; — mais, au lieu de la contrariété qu'il croyait trouver empreinte sur son visage, il y rencontra presque de l'effroi.

Cependant elle dit doucement à Lucien en lui tendant la main :

« Allez donc, mon ami ! »

Lucien mit son chapeau — et s'enveloppa dans un

long manteau ; — puis, s'approchant de Christine, il l'embrassa ; mais, quoi qu'il fît en ce moment pour conserver tout son sang-froid, son agitation intérieure se trahit dans ce baiser. — Ce n'était point la caresse familière et tranquille qu'on échange en se disant au revoir : — c'était le baiser de l'adieu.

« Lucien me trompe, dit Christine quand elle fut seule. — Il se passe quelque chose qu'on me cache.— Cette visite est une comédie arrangée. — D'ailleurs, depuis hier, j'ai l'esprit inquiet, le cœur agité par de tristes pressentiments. Serait-ce que je suis jalouse? Mon inquiétude est-elle le résultat d'un soupçon?
— Non, dit-elle. Je suis sûre de Lucien, ce n'est pas cela. » Et, comme elle était retombée dans sa rêverie, elle aperçut sur la cheminée un petit paquet enveloppé de papier gris, qu'elle ouvrit machinalement.

Plusieurs balles en plomb roulèrent sur le marbre de la cheminée et tombèrent sur le tapis.

« Ah ! je comprends ; je sais tout maintenant, s'écria Christine en apercevant une poire à poudre sous l'enveloppe qu'elle venait d'ouvrir. —Ce plomb, cette poudre, c'est l'ami de Lucien qui vient de les oublier. Il tenait ce paquet à la main quand il est entré. —

Lucien va se battre, j'en suis sûre ; il va se battre, — c'est-à-dire il va mourir. »

Christine mit en toute hâte son chapeau, et sortit de la chambre, à peu près comme Lucien et son ami sortaient de la maison : car, étant dans l'escalier, elle entendit la porte qu'ils refermaient derrière eux. — Arrivée dans la rue, elle les aperçut à une courte distance d'elle, et les suivit de loin. — Ils entraient dans un hôtel garni de la rue des Grès. — Christine eut d'abord l'idée de les suivre. — Mais elle y renonça, et prit une autre parti. Elle voulut seulement s'assurer si cette maison était bien celle où habitait l'ami qui était venu chercher Lucien. Et, après être entrée s'en assurer chez le portier, elle retourna rapidement au logement de Lucien. — Christine était à peu près de la même taille que son amant ; elle mit des vêtements de Lucien, et sut déguiser assez habilement son sexe pour autoriser une méprise.

Sous ce costume, on pouvait facilement la prendre, en effet, pour un jeune homme de seize ou dix-sept ans.

Un quart d'heure après, elle était dans la rue des Grès, se promenant devant la maison où elle avait vu entrer Lucien et son ami.

Mais elle ne tarda point à faire cette réflexion que Lucien ne sortirait probablement que le matin, et que la promenade qu'elle ferait toute la nuit pourrait paraître suspecte à la sentinelle d'un corps de garde voisin. — En outre, une froide pluie d'hiver commençait à tomber, menaçant de durer toute la nuit.

Christine entra dans un hôtel garni mitoyen avec celui où se trouvait Lucien. Elle prit avec l'hôtesse le ton libre et dégagé d'un jeune étudiant en bonne fortune ; et, parmi les chambres qu'on lui montra, elle eut soin d'en choisir une qui donnât sur la rue. — Puis, après avoir payé la location d'avance, elle prévint qu'elle aurait peut-être besoin de sortir de grand matin, et qu'on lui ouvrît la porte.

Christine n'avait point de parti pris ; elle ne savait pas au juste ce qu'elle allait faire. L'embarras qu'elle avait remarqué chez Lucien depuis deux jours, la préoccupation qu'il ne pouvait parvenir à dissimuler, mille détails qui lui avaient échappé d'abord, et dont elle avait maintenant la signification, mais surtout l'absence nocturne de Lucien et la découverte de la poudre et des balles, avaient suffisamment convaincu Christine.

« Il va se battre, murmurait-elle, mais ce ne sera pas un duel, ce sera un assassinat : — Lucien sera tué. Mon Dieu! mon Dieu! comment empêcher cette fatale rencontre? » Et elle se tordait les mains avec désespoir.

Pendant toute la nuit, elle fit le guet à la fenêtre pour voir si, par hasard, Lucien ne sortirait pas de la maison voisine : car alors elle serait descendue et l'aurait suivi, — car c'était là la seule idée arrêtée qu'elle eût dans l'esprit : elle voulait suivre Lucien sans qu'il la vît, l'accompagner sur le terrain, et là elle se fiait à une inspiration soudaine pour empêcher le combat.

Bien qu'on fût aux jours les plus courts de l'année, à six heures du matin, une aube grisâtre avait déjà paru, et personne n'était encore sorti de la maison voisine.

Vers les sept heures et demie, Christine, qui n'avait point quitté des yeux les alentours, entendit fermer une porte, et vit paraître Lucien accompagné de ses deux amis.

La jeune femme s'enveloppa dans son manteau, sortit de sa chambre, descendit rapidement l'escalier, et, la porte de l'hôtel étant déjà ouverte, elle put sortir sans être vue. — A dix pas d'elle, dans la rue, elle aperçut les trois jeunes gens; et en les suivant toujours à distance, elle les vit se diriger vers une place où quelques voitures stationnaient déjà. — Comme ils venaient de monter dans un fiacre, Christine se fit ouvrir une citadine, et donna ordre au cocher de suivre le fiacre à distance sans trop se faire remarquer.

« Où faudra-t-il que j'arrête ? demanda le cocher.

—A une cinquantaine de pas de l'endroit où le fiacre s'arrêtera, » répondit Christine.

Au bout d'une heure et demie de course, Lucien et ses témoins descendirent à la porte Fleury, au bois de Meudon.

A cinquante pas derrière eux descendit Christine, qui les suivit à petits pas.

Les jeunes gens suivirent une route qui conduit à l'étang de Villebon, où ils arrivèrent après vingt minutes de marche.

L'adversaire de Lucien et ses témoins étaient déjà au rendez-vous.

Christine se glissa derrière un taillis, à portée de voix des jeunes gens; et, cachée derrière le tronc d'un chêne gigantesque, elle pouvait tout voir sans être vue.

Venue d'abord dans l'intention d'empêcher la rencontre, Christine résolut ensuite de rester simple spectatrice. Elle avait réfléchi que toute lutte contre la fatalité serait impossible, — et elle attendit le résultat du combat.

« Cette fois, du moins, murmura-t-elle en jetant un regard sur l'étang gonflé par les pluies, je n'aurai pas loin à aller. »

Après quelques paroles échangées entre les témoins, et durant lesquelles les deux adversaires restèrent isolés l'un de l'autre, — on régla les distances et on chargea les armes. Puis, Lucien et son adversaire furent placés à vingt pas l'un de l'autre. A cause d'une inégalité de terrain, les places avaient été tirées au sort, et Lucien se trouva placé à quatre pieds de l'arbre derrière lequel Christine était cachée.

Après un signal donné par les témoins, les deux adversaires pouvaient tirer à volonté, après avoir fait chacun trois pas.

Sans bouger de sa place, Lucien tira le premier, et

manqua son adversaire, qui s'avança alors jusqu'à la limite indiquée par un mouchoir jeté à terre.

En s'effaçant, Lucien, qui avait détourné la tête du côté de l'arbre, aperçut une forme se mouvoir. D'un coup d'œil, et malgré le déguisement de celle-ci, il reconnut sa maîtresse.

Son adversaire, qui avait fait ses trois pas, le visait depuis quelques secondes.

Lucien leva le bras en l'air, — en même temps qu'il s'écria : « Ne tirez pas ! » car il venait alors d'apercevoir Christine qui quittait sa cachette, et qui fut dans un bond auprès de lui.

Mais au même instant le coup de pistolet de l'adversaire de Lucien était parti, — et Christine, frappée au cœur, était tombée mourante dans les bras de Lucien.

Cette triple scène s'était passée dans la durée de quelques secondes.

Les témoins s'empressèrent autour de Lucien et de Christine.

Elle agonisait déjà.

« La prédiction s'est réalisée, murmura-t-elle à l'oreille de son amant. — Tu sais ce que m'a dit la

bohémienne... Ceux que vous aimerez mourront. — Puis, un jour, vous aimerez un homme, et vous aussi vous mourrez de mort violente et sanglante. — Je t'ai aimé, et je meurs; — mais tu vis. Je suis heureuse.
— Adieu, mon Lucien! — Adieu.

— Christine! Christine! » s'écria Lucien éperdu, en mettant la main sur la poitrine de sa maîtresse.

Mais il retira sa main en poussant un cri terrible.

Le cœur de Christine avait cessé de battre.

Au même instant un gai rayon de soleil perça la brume qui couvrait le bois, et un rouge-gorge se mit à chanter sur une branche d'arbre.

ENTRE QUATRE MURS

Armand habitait, dans un des corps de bâtiment de l'hôtel de Sens, une petite tourelle gothique très haut perchée, à laquelle, à moins d'être hirondelle, on n'arrivait pas en moins de dix minutes : car l'escalier qui y conduisait avait été bâti par un architecte ivre de perpendiculaire. Pour tenter sûrement l'ascension de cette *Jung-Frau* de l'architecture du moyen âge, il fallait avoir, comme Auriol, le génie de l'équilibre. Armand avait choisi ce domicile escarpé pour des raisons où le bon sens se mêlait à la fantaisie.

Habitant des frontières célestes, il échappait d'abord aux poursuites de ses créanciers, car aucun n'avait pu franchir au delà du quatrième étage. Un Allemand, nature obstinée et tailleur, s'était seul acharné après Armand, et, ne pouvant arriver jusqu'à lui, il avait dressé un pigeon qui allait porter au jeune homme des mémoires de fournitures avec requête de payement, le tout proprement attaché à son cou par une faveur.

A la troisième visite, qui eut lieu dans la saison des petits pois, Armand retint l'intelligent messager de son créancier et en fit hommage à sa propre gourmandise.

En outre, grâce à sa position aérienne, Armand se trouvait préservé de la visite des amis importuns ; et, dans les plates-bandes de la solitude, il pouvait, tout à son aise, cultiver cette fleur de la poésie qu'on nomme le sonnet, et qu'il aimait comme un Hollandais ses tulipes.

Peu de jours avant son emménagement à l'hôtel de Sens, Armand avait ébauché une aventure avec une jeune fille qui se nommait Rose, et était première demoiselle dans un magasin de fleurs de la rue Richelieu. Cette profession presque artistique avait séduit Armand, à cause des nombreux prétextes à sonnets printaniers qu'elle devait lui fournir. Mademoiselle Rose avait consenti à se laisser prendre au langage d'Armand, dont les discours étaient toujours pleins de phrases traînant après elles une queue de métaphores qui les faisaient ressembler à des comètes de style. C'était, du reste, la manie d'Armand, qui, pour se perfectionner dans son métier, habillait les plus vulgaires conversations en grand costume de rhétorique. Ce qui avait fait dire de lui par un de ses amis :

« Il a toujours l'air de descendre du Parnasse, et, jusqu'à : — Le cordon, s'il vous plaît ! — il demande toutes choses avec des phrases dont la moindre aurait jadis suffi pour ouvrir à son auteur les portes de l'Académie française. »

Mademoiselle Rose n'avait pas été longtemps néanmoins sans s'apercevoir que son adorateur était beaucoup moins riche que les rimes d'un sonnet dans lequel il comparait ses mains au mois de mai, à cause

de leur habileté dans l'art de faire naître les fleurs.
— Le dernier tercet renfermait des concetti capables de faire tressaillir les œuvres de Dorat dans toutes les bibliothèques :

O fille du printemps! quand donc suivrez-vous, Rose,
L'ordre doux et charmant que vous dicte l'Amour, —
Ce fleuriste divin qui vous a mise au jour?

Mademoiselle Rose trouvait certainement cela fort galant, mais elle pensait aussi que la plus habile couturière n'aurait pas pu en faire une robe de soie.

Une autre fois, dans un autre sonnet, Armand commit l'imprudence d'écrire cet alexandrin :

Je veux orner ton front d'une blanche auréole!

« Oui, répondit Rose avec une ingénuité de haute comédie, le blanc me va bien. » Et le lendemain, comme elle passait avec lui devant un magasin de modes, elle montra à Armand un joli chapeau de velours blanc.

« Voilà une *machine* comme celle que vous me promettiez dans vos vers, » dit-elle.

« Cette artiste printanière ignore la valeur des mots, pensa Armand, il faudra que je la mette en rapport avec le dictionnaire. »

Quelques jours après, il s'installait à l'hôtel de Sens. Il invita pour cette circonstance mademoiselle Rose à venir pendre avec lui une petite crémaillère sentimentale. La jeune fille, qui n'avait jamais été chez Armand, imagina une petite chambrette bien close, un divan profond fait pour les duos de rêverie, un joli souper, dînette amoureuse, composé de friandises, et servi auprès d'un bon feu flambant clair. — Enfin, elle se livra à une grande dépense d'imagination.

Mais une fois arrivée à l'hôtel de Sens, et au fur et à mesure qu'elle montait l'escalier d'Armand, toutes ses petites imaginations redescendaient degré par degré l'escalier de l'espérance. Enfin, arrivée au quatrième étage, qui formait à peine la moitié du chemin, mademoiselle Rose était incertaine, craintive, fatiguée surtout. Elle avait froid dans cet escalier humide et obscur, où le vent soufflait lugubrement. Elle eut peur, et voulut continuer sa route; mais la force lui manqua réellement. Elle s'appuya à la muraille glacée, sentit ses jambes fléchir, poussa un petit cri, tomba à terre et s'évanouit.

Au cri qu'elle avait poussé, et au bruit de sa chute sur l'escalier, une porte s'ouvrit, laissant échapper une bouffée de bruits joyeux, — indices sonores qui trahissaient l'aimable existence qu'on menait à l'intérieur de la chambre. C'étaient, en effet, des jeunes gens qui, emménagés de la veille, donnaient, ce soir même, une petite fête d'inauguration. L'un de ces jeunes gens recueillit mademoiselle Rose, et la fit entrer dans sa chambre, toujours évanouie.

Cet évanouissement dura trois mois.

Lorsqu'elle revint à elle, mademoiselle Rose ne se souvenait aucunement d'Armand, qui, de son côté, ne pensait plus du tout à la fleuriste.

L'un et l'autre, ils avaient, du reste, une excuse à leur oubli réciproque.

L'excuse de Rose, c'était le même jeune homme qui l'avait recueillie le soir où elle allait chez Armand, et le cœur de la jeune fille était resté suspendu aux crocs des blondes moustaches de ce personnage hospitalier.

L'excuse d'Armand, c'était une figure aristocratique qu'il béatrisait tout à son aise, et qu'il avait rencontrée — dans ses rêves.

L'amour sur la mousse, au clair des étoiles, au chant des cigales; l'amour dans une petite chambre visitée du soleil, et de la bise aussi; l'amour qui s'attache à un couvert frugal, et boit dans le même verre; l'amour en petit bonnet de tulle, en robe de guingamp, en souliers de peau de chèvre et en gants de fil d'Écosse; l'amour enfin qui s'allume par un caprice et s'éteint par un autre; cet amour-là est quelque chose de charmant, surtout quand on est encore sous le soleil levant de la première jeunesse. Mais il arrive un jour où l'orgueil de l'esprit commence à disputer au cœur la liberté de ses sympathies et de ses enthousiasmes. Alors tout change : le naïf vous paraît vulgaire, le quaquetage d'une jolie bouche rose vous semble monotone, le refrain burlesque d'une chanson populaire dont s'égaye votre amie vous impatiente, et vous commencez à trouver tiède le baiser de sa lèvre ardente.

C'est alors qu'on rêve un autre amour : celui qui marche sur les tapis, se drape dans la soie ou le velours, se panache de plumes, se constelle de diamants ; habite, — comme disent les poëtes classiques, — sous de fastueux lambris ; va au bois, à l'Opéra ; parle un langage pur, écrit sur vélin couronné de vignettes héraldiques, et s'appelle d'un nom qui a ses entrées dans l'histoire.

C'est ce qui arrivait pour Armand. — Il refaisait en rêve la vieille histoire du jeune homme pauvre et obscur amoureux de la grande dame, éternelle histoire qui n'a pas eu de commencement et qui n'aura pas de fin, à moins que nous n'arrivions à cette égalité de positions rêvée par l'école humanitaire.

Il avait ainsi trouvé une femme qui comprenait son langage, un être qu'il habillait de nuages et couronnait d'étoiles, une idole qui posait à son gré sur l'autel qu'il lui avait édifié, créature malléable à loisir pour tous ses caprices d'amant et pour toutes ses fantaisies de poëte, enfin une maîtresse chef-d'œuvre, exacte, venant toujours au premier appel du désir, fidèle à l'exagération, et ne faisant jamais quitter à son amant les olympes de l'imagination pour le faire descendre brutalement au terre-à-terre de la réalité par une demande de robe nouvelle ou de bottines neuves.

Amour charmant, poétique, économique — et platonique, mais au régime duquel ne sauraient se faire longtemps les charmantes créatures qui étouffent lorsqu'on veut les enlever trop avant au milieu de l'éther poétique, pour qui l'économie est une vertu de nécessité, et le platonisme un substantif sauvage, dont elles aiment à rire en croquant, tant qu'il leur reste des dents, les fruits qui pendent à l'arbre de la Genèse.

Depuis le jour de sa rencontre avec cet être imaginaire, Armand s'était résolu à mener la vie de stylite. Il ne quittait absolument plus son paradis escarpé, devenu pour lui la banlieue de l'idéal. Il ne tenait plus à la vie réelle que par un fil, — c'est-à-dire par une corde glissant sur une poulie, et à laquelle était attachée une corbeille qu'il descendait, chaque matin, de sa fenêtre dans la cour, — et qu'il remontait ensuite chargée des provisions quotidiennes que lui procurait son portier.

Afin de n'être même pas troublé par les visites d'un ou deux amis courageux qui, de temps en temps, montaient jusqu'à son aire pour lui serrer la main, il avait arboré en permanence à sa fenêtre un drapeau, — ce qui était un signal convenu entre lui et ses amis pour indiquer son absence.

Armand se trouvait on ne peut mieux de cette vie solitaire. Paresseux comme un lazzarone, l'activité physique lui avait toujours fait horreur, — et l'immobilité lui paraissait le seul bien désirable en ce monde. Il croyait à la métempsycose, et voulait passer sa vie à faire de très beaux sonnets, — dans l'espérance qu'après sa mort, Dieu, pour le récompenser, le changerait en ligne horizontale.

Il passait donc ses jours étendu sur son lit, pêchant dans le dictionnaire des rimes toutes sortes de merveilleux joyaux poétiques qu'il étalait aux pieds de son idole, — aux heures où il l'appelait devant lui, en faisant *toc-toc* à la porte de son imagination.

Cette divinité fantastique pour laquelle il avait un amour véritable lui apparaissait sous la forme d'une grande dame ; il avait arrangé le roman de sa rencontre avec elle, et son cœur avait fini par croire à la réalité de toutes les chimères sorties de son cerveau.

Un soir, pendant le carnaval, Armand, enfoncé dans son fauteuil et les pieds devant son âtre, s'imaginait qu'il avait rendez-vous avec sa fabuleuse comtesse, et, en attendant l'heure, songeait aux mystérieuses voluptés qui l'attendaient au bal masqué de l'Opéra, où il devait rejoindre son idole. Trois coups frappés à sa porte l'arrachèrent à son hallucination éveillée. Il alla ouvrir.

C'était un de ses amis qui, ayant vu dehors la fenêtre d'Armand éclairée, avait forcé la consigne donnée au portier.

« Quelle visite importune ! — pensa Armand. — Et la comtesse qui m'attend ! »

Sans dire un mot, — l'ami tira de sa poche deux bouteilles enveloppées dans du papier et les posa en face d'Armand, après les avoir débouchées : l'arôme d'un vin d'Espagne monta aux narines d'Armand.

« Xérès et Porto, dit l'ami Raymond, — versant à petits flots chanteurs la liqueur divine dans des verres en cristal. — C'est du soleil en flacon, — nous allons boire ça en causant littérature et femmes charmantes ; et d'abord, qu'est-ce que tu fais depuis trois mois qu'on ne te voit plus ? »

Armand était sorti de son rêve pendant dix minutes, mais trois verres de Xérès l'y firent rentrer précipitamment.

« Mon cher, répondit-il à Raymond, je suis l'amant d'une personne considérable. » Et il raconta ses amours fantastiques avec un tel accent de sincérité, une si grande abondance de détails, que Raymond s'y laissa prendre et sortit à deux heures du matin pour laisser à son ami la liberté d'aller rejoindre sa comtesse à l'Opéra.

En descendant l'escalier, Raymond rencontra précisément une jeune femme en domino noir. Il pensa que c'était la maîtresse d'Armand qui, impatientée de ne pas le voir arriver, venait le chercher.

« Madame, dit Raymond en passant auprès du domino, n'en veuillez pas à mon ami Armand : c'est moi qui suis la cause de ce retard, et je vous prie de m'excuser. »

Ce masque et ce domino cachaient mademoiselle Rose. La fleuriste arrivait toute courroucée du bal de l'Opéra, où elle avait surpris les moustaches blondes de son amant à portée de baiser de la barbe d'un domino blanc. — Rose avait demandé des explications à M. Léon, — lequel lui avait expliqué poliment qu'il était très amoureux de la femme en domino blanc.

« Eh bien ! et moi ? avait dit Rose.

— On ne peut pas faire deux besognes à la fois, répondit le jeune homme.

— Nous verrons bien s'il a l'audace d'amener une autre femme chez lui, moi y étant, » murmura entre ses dents Rose furieuse.

Mais en arrivant à l'hôtel de Sens, et comme elle demandait au portier la clef de la chambre de son amant, le portier répondit que M. Léon l'avait emportée, contre son habitude.

« Bien, avait répondu Rose. — C'est un oubli de la part de M. Léon. — Je vais l'attendre sur le carré. »

C'est au moment où elle attendait que Raymond, qui descendait de chez Armand, l'avait trouvée sur l'escalier, et l'avait prise pour la grande dame dont son ami lui avait parlé.

« Armand! dit Rose, qui n'avait compris que ce nom dans les excuses que Raymond lui avait adressées. Mon ancien adorateur... Il est mon voisin... C'est vrai, je l'avais oublié : voilà ma vengeance. » — Et d'un pas rapide elle monta jusqu'à la chambre du poëte, poussa sa porte, qu'elle trouva entre-bâillée, et, sans être entendue, arriva jusqu'auprès d'Armand. Le coude appuyé sur une table où brûlait une bougie mourante, Armand était — en rêve — à l'Opéra avec sa comtesse. Mais cette fois, au lieu de mettre une auréole au front de sa Béatrix, le poëte semblait vouloir éteindre celles qu'il y avait allumées. Rose était fort étonnée de voir que sa présence n'étonnait point Armand, qui ne dormait pas pourtant, puisqu'il avait encore les yeux ouverts.

« Est-ce qu'il m'attendrait encore depuis trois mois? » pensa Rose pendant qu'Armand couvrait ses mains de baisers.

Un violent coup de marteau, frappé à la porte,

ébranla toute la maison. — C'était M. Léon qui rentrait avec le domino blanc.

« Voilà l'heure de la vengeance qui sonne ! » murmura Rose. Et elle abrégea d'un souffle l'agonie de la bougie.

LES PREMIÈRES AMOURS
DU JEUNE BLEUET

Une blouse d'étoffe bleue taillée avec élégance et coquettement serrée sur les hanches par une étroite ceinture, une toque en velours bleu ornée d'un gland de soie, un pantalon d'étoffe bleue : tel était invariablement le costume auquel notre héros devait son surnom.

Bleuet était l'enfant unique de laborieux artisans. Ses premières années s'étaient écoulées en proie à ces cruelles maladies qui déciment l'enfance, et Dieu seul sait les larmes et les nuits d'insomnie qu'il coûta à sa mère. Aussi, lorsqu'à force de soins elle fut parvenue à lui faire mettre les deux pieds dans la vie, elle fit à ce pauvre enfant une existence comme n'ont point ordinairement les enfants des pauvres. Bleuet fut gâté outre mesure; ses caprices, — et il en était rempli, comme tous les êtres maladifs, — ses moindres volontés, faisaient loi; sa mère n'avait d'autre préoccupation que de les deviner, et d'autre bonheur que de les satisfaire, au prix de mille privations qu'elle s'imposait en cachette de son mari. Elle tenait, en outre, son fils dans un état de costume fort au-dessus de sa position, de même qu'en toutes choses; elle le distinguait des autres enfants de sa classe; la digne femme ne pouvait s'arrêter à cette idée que son fils était condamné à gagner son pain à la sueur de quelque pénible travail; elle l'habituait elle-même à l'oublier, aussi l'oubliait-il.

Au moment où commence cette histoire, Bleuet était un bel écolier de dix ans dont la nature et le caractère démentaient l'humble origine. Ses manières naturellement maniérées, si cela peut se dire, sa délicatesse, ses traits fins, le tour choisi de son langage, tout cela n'était pas d'un enfant du carrefour, et on l'eût pris volontiers pour l'héritier de quelque riche et noble maison, tant il avait de superbe en sa petite personne : ce défaut, qui d'ailleurs n'était que superficiel, était dû à l'aveugle tendresse maternelle. Au reste, est-il bien vrai que l'orgueil soit un défaut? Quoi qu'il en fût, l'orgueil de Bleuet le préserva de ces camaraderies de coin de rue qui se forment entre les enfants du même quartier ; et il en résulta qu'il ignora le vocabulaire pittoresque, mais vulgaire, du gamin de Paris. Maintenant que voici notre petit héros posé, faisons-le agir. Dans la même maison que lui, et au premier étage, demeurait mademoiselle B..., dont le père était alors en voyage. Cette belle personne n'avait pu le suivre à cause d'une grande infirmité qui la forçait à garder la chambre. Elle s'était fracturé la jambe en faisant une chute, et les médecins l'avaient condamnée à une immobilité presque absolue. Confiée par son père aux soins d'une gouvernante, elle ne recevait qu'à de rares intervalles les visites de quelques amis intimes de sa famille. La jeune malade, qui s'ennuyait beaucoup dans son isolement, s'imagina un jour de faire connaissance avec son jeune voisin, qu'elle avait plusieurs fois surpris immobile à sa fenêtre pendant qu'elle faisait de la musique. Un jour, elle pria sa gouvernante de faire venir l'écolier. Mais Bleuet jugea qu'il était de bon goût de se faire prier, et voulut connaître le motif pour lequel la dame du premier le faisait appeler.

« Elle a un service à vous demander, répondit la gouvernante à tout hasard.

— Mais, reprit Bleuet, que ne vient-elle me le demander elle-même ici?

— Mademoiselle B... ne peut pas marcher, sans cela elle serait venue; vous seriez bien aimable de descendre un instant auprès d'elle.

— C'est bien; dites-lui de ma part que j'aurai l'honneur de passer chez elle tantôt. »

La gouvernante se retira assez étonnée de la façon avec laquelle ce jeune drôle avait accueilli son invitation. Elle en fit part à mademoiselle B....

Bleuet fit toilette; il se pommada pendant une heure, mit des gants, et se fâcha contre sa mère, qui ne voulait pas lui laisser emporter une canne.

« Qu'est-ce que l'on me veut donc ? » se demandait-il en sonnant de façon à tout rompre.

La femme de chambre vint ouvrir.

« Annoncez-moi à votre maîtresse, » fit brièvement l'écolier.

La camériste le regarda d'un air moqueur, et d'une voix plus moqueuse encore elle annonça : Monsieur Bleuet.

« Vous m'avez fait demander, Mademoiselle, dit l'écolier lorsqu'il se trouva en face de la jolie malade.

— Oui, Monsieur, et je vous prie de me pardonner le dérangement que je vous cause... J'ai un grand service à vous demander, et, comme on m'a dit que vous étiez un jeune homme très aimable, j'ai pensé que vous ne me refuseriez pas. »

Bleuet, qui avait repoussé le fauteuil qu'on lui avait offert, se tenait droit comme un I devant la jeune demoiselle ; et, comme il ne manquait point d'un certain tact, quoiqu'il fût intérieurement flatté de la politesse avec laquelle on le recevait, il eut l'idée que toutes ces belles phrases pouvaient bien servir d'enveloppe à quelque perfidie ; aussi se tint-il sur ses gardes, et prêt à la riposte, s'il y avait lieu.

« Monsieur, reprit mademoiselle B... en s'efforçant de ne point rire, voici ce que je réclame de votre obligeance. Vous avez une très jolie voix, et je veux vous prier de m'apprendre la chanson *Au clair de la lune.* »

Pour le coup, malgré son aplomb, Bleuet fut décontenancé : il ne s'attendait pas à celle-là.

Un nuage de pourpre lui monta au visage. Mais mademoiselle B..., qui était une vaillante personne, ne s'émut point du terrible regard que l'écolier lui lança de toute la flamme de ses yeux noirs. Elle continua tranquillement :

« Ah ! oui, je voudrais bien savoir cette jolie chanson que vous chantez si bien, et vous serez fort aimable de me l'apprendre ; au reste, je vous payerai vos leçons. »

A ce mot de payer, Bleuet commença à battre la mesure avec son pied, ce qui indiquait le degré le plus élevé au thermomètre de sa colère.

« Oui, je vous payerai vos leçons, deux gâteaux le cachet. »

Bleuet devint écarlate, et regarda autour de lui s'il n'y avait rien à casser.

Cette intention était si évidente que la demoiselle eut grand peur pour sa pendule, point que paraissaient menacer les foudres de Bleuet-Ouragan.

« Eh bien! monsieur Bleuet, vous ne répondez pas? » dit la malade.

Mais tout à coup elle s'aperçut qu'elle avait été trop loin avec cet enfant, qui avait une nature de sensitive. Cette innocente plaisanterie avait fait une profonde blessure à l'amour-propre de Bleuet; il éclata en larmes et tomba sur le tapis en proie à une violente crise de nerfs.

Quand il revint à lui, il se trouva à demi couché sur un divan, et la tête appuyée sur la poitrine de mademoiselle B..., qui lui faisait respirer des sels.

En se retrouvant dans les bras de la jeune demoiselle, l'écolier ressentit une singulière impression. Comment était-il là? Il ne s'en rendait pas encore compte; mais il s'y trouvait bien sans doute : car, pour prolonger le charme de cette position, il feignit un évanouissement qui n'existait plus, et pendant quelque temps encore il put voir les regards de mademoiselle B... arrêtés sur lui avec une tendresse et une inquiétude infinies.

Et il l'entendit murmurer à plusieurs reprises : « Pauvre enfant! Pauvre enfant! »

Cette voix caressante, ces belles mains blanches, cette haleine embaumée qui effleurait son visage, tout cela causait au pauvre Bleuet un émoi qui lui était inconnu ; mais que devint-il, grand Dieu ! lorsque la belle demoiselle, très alarmée de sa pâleur et de son immobilité, essaya de l'en tirer en lui prodiguant toutes ces charmantes câlineries de langage que savent inventer les femmes pour apaiser les enfants ? Et, voyant qu'il ne bougeait pas et qu'il avait toujours les yeux fermés, mademoiselle B..., tout à fait inquiète, étreignit plus étroitement l'écolier entre ses bras et l'embrassa sur le front, en lui disant tout bas :

« Mais réveille-toi donc, parle-moi donc, mon petit ami ! » A ce baiser, caresse de sœur aînée à un jeune frère malade, Bleuet tressaillit, rougit extrêmement et ouvrit les yeux.

« Enfin ! dit mademoiselle B... Comment te trouves-tu ?

— Laissez-moi m'en aller, dit Bleuet en essayant de se dégager.

— Non, quand tu seras tout à fait remis. » Et la jeune fille le retint auprès d'elle.

« Dis-moi que tu n'es plus fâché contre moi. »

Bleuet garda le silence.

« Tu m'en veux encore ?

— Qu'est-ce que je vous avais fait pour vous moquer de moi ? »

Mademoiselle B... ne trouva pas de meilleure réponse qu'un second baiser.

A cette récidive, l'écolier sentit mourir le peu de rancune qui lui restait encore.

« Eh bien ! non, dit-il, je ne vous en veux plus ; mais laissez-moi m'en aller.

— Pourquoi ? Tu es pressé d'aller tout conter à ta mère, pour qu'elle vienne me faire des reproches.

— Je ne suis pas un rapporteur, répondit Bleuet, qui était complétement remis.

— Eh bien ! alors, dit mademoiselle B..., faisons la

paix, et reste encore un peu ici : tu as les yeux rougis, ta mère verrait que tu as pleuré. »

Mais Bleuet insista pour s'en aller.

« Au moins, dit la jeune fille, tu viendras me revoir? » Et elle ajouta : « Excuse-moi si je ne te reconduis pas ; mais, tu le vois, je ne peux pas bouger. »

Bleuet vit encore une méchanceté là-dessous. Et, reprenant sa mine grave, il répondit :

« Non, je ne reviendrai pas vous voir. Je ne veux pas vous servir de joujou, moi ! »

« Quel drôle de petit bonhomme! pensa mademoiselle B... quand elle fut seule. Il est bien amusant! »

Cependant cette scène avait porté un grand trouble dans l'esprit de l'écolier, il ne dormit point de la nuit. Le lendemain, il fut distrait à sa classe. Il ne sut pas ses leçons, ne fit pas ses devoirs, et rentra chez lui accablé de *pensums*.

« Qu'as-tu donc? lui dit sa mère en le voyant arriver l'air tout triste.

— Rien, » répondit-il. Et, prenant sa grammaire, il s'en alla à la fenêtre, et essaya d'étudier. Mais, hélas! M. Lhomond n'était pas homme à lui fournir ce qu'il cherchait, le pauvre Bleuet : car ce n'était ni l'accord des verbes avec le sujet, ni les règles du participe : — c'était tout simplement un prétexte quelconque pour retourner chez la belle demoiselle qui s'était si bien moquée de lui. Ce prétexte, mademoiselle B... le lui fournit elle-même. Elle était aussi à sa fenêtre, et lisait un roman. Elle aperçut l'écolier qui la regardait à la dérobée, et qui baissait les yeux sitôt qu'elle levait les siens vers lui. Voyant que ses appels de regards n'étaient pas ou ne voulaient pas être compris par Bleuet, mademoiselle B... essaya d'un autre moyen : elle laissa tomber son livre dans la cour, en s'écriant assez haut pour être entendue : « Ah ! mon Dieu, mon livre ! »

L'écolier vit et entendit, et pensa que c'était là un prétexte tout trouvé avec lequel il pouvait se présenter chez mademoiselle B..., tout en sauvegardant sa dignité. Il s'élança dans l'escalier, ramassa le livre, et en toute hâte le reporta à la lectrice, en elle-même très enchantée de son subterfuge, et admirant beaucoup l'intelligence de celui qui l'avait si bien comprise.

Cette seconde entrevue fut beaucoup plus calme

que la première, et mademoiselle B... s'arrangea de telle façon qu'elle s'attira la confiance entière de l'écolier. Il alla fort loin dans ses confidences, et lui avoua même qu'à force de chercher un moyen de se venger de la mystification de la veille, il avait oublié ses leçons, ce qui lui procurait, ajouta Bleuet, trois ou quatre jours de retenue.

« Oh ! mon Dieu ! mon pauvre garçon, dit mademoiselle B... en riant, tu m'en voulais donc, puisque tu pensais à te venger ?

— Oui, » dit Bleuet, qui mentait alors. Et, pour quitter ce terrain, il entama la longue litanie des chagrins d'école, et fit rire jusqu'aux larmes mademoiselle B.. en lui faisant le portrait de son maître, M. Cortier, l'homme féroce qui donnait des *pensums* de trois cents lignes. « Et ce matin même il m'en a donné quatre ! s'écria Bleuet, de façon que je ne pourrai pas jouer d'ici jeudi.

— Mais c'est terrible cela ! dit mademoiselle B.... Eh bien, écoute : puisque indirectement j'étais de moitié dans la faute, je partagerai la punition, je t'aiderai à faire tes pensums.

— Toutes les fois que j'en aurai? dit Bleuet enchanté.

— Oui.

— Alors j'en aurai tous les jours, » s'écria l'écolier, qui dévoila ainsi *le secret de sa flamme*.

A compter de ce jour, Bleuet devint le commensal de la belle malade, à qui ses espiègleries faisaient oublier son triste état. Tous les jours, au retour de la pension, il montait chez elle et y restait jusqu'à minuit. Du reste, tout ce temps n'était pas entièrement consacré à la *passion*, et mademoiselle B... ne voulut pas que l'*amour* fît oublier la grammaire à Bleuet. Elle lui servait d'institutrice, et elle avait autant à se louer de l'élève que de l'*amant*, qui, lorsque vint la distribution des prix, apporta trois couronnes aux pieds de sa belle maîtresse.

Nous insistons sur ces mots, parce que nous savons quelle valeur ils auront auprès des lecteurs. Et d'ailleurs, Bleuet était très amoureux de mademoiselle B..., assez amoureux pour prendre au sérieux les enfantillages de cette belle personne ennuyée, et distinguant parfaitement les caresses qu'il recevait d'elle d'avec les caresses de sa mère. Enfin, notre héros était en proie à une grande passion en miniature. De son côté, celle qui en était l'objet avait accepté le rôle de *bien-aimée*, et le jouait avec le plus grand sérieux du monde, mettant même une pointe de naturel dans quelques détails, comme si elle voulait se faire illusion à elle-même.

D'ailleurs, les yeux qui la trouvent belle et la voix qui le lui dit seront toujours écoutés par une femme, ne fussent que les yeux et la voix d'un enfant. Les femmes ont toujours besoin d'entendre le mot : Je vous aime ; et, quel qu'il soit, elles savent gré à celui qui le leur dit, surtout s'il est le premier et s'il est le seul.

Les deux amants étaient donc très heureux, et avaient grand soin de se brouiller une fois par semaine, afin de se ménager les douceurs du raccommodement ; les brouilles, du reste, n'étaient pas de longue durée, et chacun de son côté y mettait du sien pour les faire cesser : mademoiselle B... à cause de l'ennui, Bleuet à cause des *pensums* en retard ; tous deux à cause d'eux, car l'égoïsme est le prénom de l'amour.

Tout fut complet dans cette passion : Bleuet eut un rival et faillit avoir un duel. Ce rival était de la grande et terrible famille des cousins, et, comme tous les cousins sont des amoureux donnés par la nature, le beau Léon s'en vint soupirer près de sa cousine, qui le laissa faire pour donner de la jalousie à l'autre et rire un peu.

Quand l'écolier trouva le beau Léon aux pieds de mademoiselle B..., il se frotta les yeux avant de croire à une pareille perfidie. Comment, le matin, *sa maîtresse* l'avait embrassé sur le front et l'avait appelé *son cher Bleuet*, et, pendant qu'il s'arrachait l'esprit aux épines de la déclinaison *rosa*, elle se laissait embrasser les mains par un autre homme !

Hélas ! oui, mon cher enfant, *perfide comme l'onde*, Shakspeare vous le dira plus tard.

En voyant l'écolier, le cousin s'écria :

« Ah ! ah ! voici le petit Bleuet, dont vous m'avez parlé ; il est gentil. »

Au prix d'un mois de retenue, Bleuet aurait voulu

avoir vingt ans pour souffleter ce monsieur qui, non content de lui prendre sa place, se permettait encore l'air insolent ; il n'avait que dix ans, et à défaut d'une épée il affila une épigramme.

« Si vous m'appelez encore Bleuet, je vous appelle *Roussot*, vous, » dit-il en désignant la flambante chevelure du cousin, qui sortit en riant, quoique piqué au fond.

Après son départ, il y eut une scène. Bleuet fut superbe. Il voulait rompre, je ne sais pas même s'il ne parla pas de se tuer. Mademoiselle B... lui jura qu'elle n'aimait que lui ; cela ne satisfit Bleuet qu'à demi. Le lendemain, il feignit une indisposition pour ne pas aller à sa pension : dès le matin, il était chez sa maîtresse, qu'il ne quitta pas de la journée. Le jour suivant, sa mère le força à aller à sa classe. Ce jour-là fut un jour terrible, et le vénérable M. Cortier, dont il a été parlé, a dû en garder le souvenir. Jamais de mémoire scolaire il n'avait vu pareille insubordination.

Le soir, Bleuet, en arrivant, courut chez mademoiselle B.... Il la trouva seule. Mais avant tout il regarda s'il n'y avait point traces de cousin. — Aucune.

Hélas! malheureux Bleuet, comme on vous trompait! Le beau Léon était venu, et il avait profité de votre absence pour embrasser sa cousine : car ça embrasse beaucoup, le cousin.

Le lendemain était précisément la fête de mademoiselle B.... Bleuet s'en souvenait à temps, et songea à la lui souhaiter dignement. En arrivant à la classe, il s'arrangea de façon à se faire mettre au cachot et y passa sa journée à composer une pièce de vers, et quels vers, grand Dieu! Mais, au moment où il achevait une belle copie de son œuvre, arrive le terrible M. Cortier, qui fourre le poëme dans sa poche et annonce au poëte qu'il ne lèvera son écrou qu'après la récitation, sans faute, de l'histoire des dix premiers rois de la seconde race.

Cependant l'amour fit faire un miracle à Bleuet : il ne recula point devant cette énorme dose de Carlovingiens, et deux heures après il savait sa leçon par cœur. — Quel funeste abus de la mémoire!

Il fut mis en liberté; mais il était huit heures du

soir, mais il n'avait plus son poëme; mais quand il arriva chez lui, ou plutôt chez sa maîtresse, il apprit par la gouvernante que mademoiselle B..., avec la permission du médecin, et pour essayer ses forces, était sortie en voiture.

« Seule? demanda Bleuet.

— Non, avec son cousin, qui était venu lui souhaiter sa fête. » Et la gouvernante fit voir à Bleuet un bel oranger qui était dans le salon.

« C'est bien! » dit l'écolier.

Il remonta chez lui, et redescendit un instant après avec une petite boîte qu'il plaça lui-même sur la table de mademoiselle B...

Celle-ci l'ouvrit en rentrant, et y trouva toutes sortes de hochets amoureux donnés par elle à l'écolier dans le beau temps de leur passion.

« Voici le petit Bleuet qui me rend ma foi, dit-elle en riant à son cousin en lui tendant la main. Il m'a bien amusée, ce petit garçon, » ajouta-t-elle.

Ici se terminent les premières amours du jeune Bleuet, si indignement trompé par mademoiselle B..., qui, lorsqu'elle fut guérie, épousa son cousin.

Aujourd'hui, la première idole de l'écolier est une splendide étoile de beauté, et lorsque Bleuet la rencontre, il ne rentre jamais chez lui sans regarder, en rêvant, un *pensum* entièrement écrit de la main de mademoiselle B..., il y a quinze ans : mon Dieu, oui, Madame, — déjà quinze ans.

FIN

TABLE DES MATIÈRES

	Pages
Madame Olympe	1
Comment on devient coloriste	101
Une Victime du bonheur	125
La Fleur bretonne	171
Le Fauteuil enchanté	189
Christine	203
Entre quatre murs	247
Les premières amours du jeune Bleuet	263

FIN DE LA TABLE.

COLLECTION MICHEL LÉVY. — Gr. in-18, 1 fr. le volume.

hard. Parisiennes et Provinciales. s et Blondes. Femmes honnêtes. res Marquises.
dam. Souv. d'un Musicien. Dern. nirs d'un Musicien.
Alaux. L'Empereur Soulouque et mpire.
m d'Arnim. (*Trad.* Th. Gautier) ontes bizarres.
ssolant. Hist. fantast. de Pierrot hryet. Femme de vingt-cinq ans. ugier. Poésies complètes.
utrau. Milianah.
e **Banville.** Odes funambulesques. Barbara. Hist. émourantes.
er **de Beauvoir.** Chevalier de Georges. Aventurier et Courtisanes. avalières. Mlle de Choisy. Chev. de y. Cabaret des Morts.
Bernard. Portr. de la Marquise.
e **Bernard.** Nœud gordien. Homieux. Gerfaut. Ailes d'Icare. Gentilnard, 2 v. Beau-père, 2 v. Paravent. lu Lion. L'Ecueil. Théâtre et Poésies.
C. **Berton.** Bonheur impossible. le.
uilhet. Melænis.
avard. Petite Ville. L'honneur mmes.
e **Béchat.** Scènes de la vie contemie. Bras d'acier.
Buchon. En Province.
laze. Musiciens contemporains.
arlen (*Trad.* de M. Souvestre). jeunes Femmes.
e **Carné.** Drame sous la Terreur.
le **Carrey.** Huit jours sous l'Equa-Métis. de la Savane. Révoltés ou Récits de Kabylie. Scènes de la vie gérie. Hist. et mœurs Kabyles.
e **Chabrillan.** Voleurs d'or. Sapho. mpfleury. Excentricités. Avent. de Mariette. Réalisme. Souffr. du Prof. l. Premiers. Beaux-Jours. Usurier t. Souv. des Funambules. Bourgeois olinchart. Sensations de Josquin. Caillou.
éral **Cler.** Souvenirs d'un officier e de Zouaves.
Conscience (*Trad.* Woecquier). s de la Vie flamande, 2 v. Fléau du c. Démon de l'Argent. Veillées Flaés. Mère Job. Guerre des Paysans. s du Soir. L'Orpheline. Batavia. ien, 2 v. Souvenirs de Jeunesse. de Flandre, 2 v.
Fleury. Voyages et Voyageurs. antragues. Histoires d'amour et nt.
M. Dash. Bals masqués. Jeu de la Chaîne d'Or. Fruit défendu. Chât. rique. Poudre et la neige. Marquise rebère.
érat. **Daumas.** Grand. Désert. ux du Sahara.
eltuf. Aventures parisiennes. L'une utre.
Dickens (*Trad.* A. Pichot). Nev. Tante, 2 v. Contes de Noël.
Didier. Mad. Georges. Fille de Roi.
r. **Dumas.** Vie au Désert, 2 v. Maje Glace, 2 v. Charles le Téméraire, 2 v.
Dumas fils. Avent. de quatre nes. Vie à vingt ans. Antonine. Dame amélias. Boîte d'Argent.
Ryan. Peaux noires. Femmes du eau monde.
l **Féval.** Tueur de Tigres. Derfées.
laubert. Madame Bovary, 2 v.
e **Forville.** Marq. de Pazaval. Consle l'an VIII. Deux Belles-Sœurs.
e **Fournier.** Monde et Comédie.
Gautier. Beaux-Arts en Europe, 2 v. antinople. L'Art moderne. Grotesques
Émile de Girardin. Marguerite ou Marquise de Pontanges. Nouvelles. d'une vieille Fille à ses Ne-

veux. Poésies. Vicomte de Launay, 4 v.
L. Gozlan. Châteaux de France, 2 v. Not. de Chantilly. Émot. de Polydore Marasguin. Nuits du Père-Lachaise. Famille Lambert. Hist. de Cent trente Femmes. Médecin du Pecq. Dernière Sœur grise. Dragon rouge. Comédie et Comédiens. Marquise de Belverano. Balzac et Vidocq.
Hildebrand (*Trad.* Woecquier). Scènes de la Vie hollandaise. Chambre obscure.
Hoffmann (*Trad.* Champfleury). Contes posthumes.
A. Houssaye. Femmes comme elles sont. L'Amour comme il est. Pécheresse.
Ch. Hugo. Chaise de paille. Bohème dorée, 2 v. Cochon de saint Antoine.
F. V. Hugo (*Trad.*). Sonnets de Shakspeare. Faust anglais de Marlowe.
F. Hugonnet. Souv. d'un Chef de bureau arabe.
J. Janin. Chem. de traverse. Contes fittér. Contes fantastiq. L'Ane mort. Confession. Cœur pour deux Amours.
Ch. Jobey. Amour d'un Nègre.
A. Karr. Les Femmes. Agathe et Cécile. Promen. hors de mon Jardin. Sous les Tilleuls. Poignée de Vérités. Voy. autour de mon Jardin. Soirées de Sainte-Adresse. Pénélope normande. Trois Cents Pages. Guêpes, 6 v. Menus Propos. Sous les orangers. Les Fleurs. Raoul. Roses noires et Roses bleues.
L. Kompert (*Trad.* D. Stauben). Scènes du Ghetto. Juifs de la Bohème.
A. de Lamartine. Les Confidences. Nouv. Confidences. Touss. Louverture.
V. de Laprade. Psyché.
Th. Lavallée. Hist. de Paris, 2 v.
J. Lecomte. Poignard de Cristal.
J. de la Madelène. Ames en peine.
F. Mallefille. Capitaine La Rose. Marcel. Mém. de Don Juan, 2 v. Monsieur Corbeau.
X. Marmier. Au Bord de la Newa. Drames intimes. Grande Dame russe.
F. Maynard. De Delhi à Cawnpore. Drame dans les mers boréales.
Méry. Hist. de Famille. Salons et Souterrains de Paris. André Chénier. Nuits anglaises. Nuits italiennes. Nuits espagnoles. Nuits d'Orient. Château vert. Chasse au Chastre.
P. Meurice. Scènes du Foyer. Tyrans de Village.
P. de Molènes. Mém. d'un Gentilh. du siècle dernier. Caract. et récits du temps. Chron. contemp. Hist. intimes. Hist. sentim. et milit. Avent. du temps passé.
F. Mornand. Vie arabe. Bernerette.
H. Murger. Dernier Rendez-vous. Pays Latin. Scèn. de Campagne. Buveurs d'eau. Vacances de Camille. Roman de toutes ces Femmes. Scèn. de la Vie de Bohême. Propos de ville et propos de Bohême. Scèn. de la vie de jeunesse. Sabot rouge. Madame Olympe. Amoureuses.
A. de Musset. Bavolette. Puylaurens.
A. de Musset. de Balzac, G. Sand. Tiroir du Diable. Paris et Parisiens. Parisiennes à Paris.
Nadar. Quand j'étais Étudiant. Miroir aux Alouettes.
Gérard de Nerval. Bohême galante. Marquis de Fayolles. Filles du Feu. Souvenirs d'Allemagne.
Charles Nodier (*Trad.*). Vicaire de Wakefield.
P. Perret. Bourgeois de campagne. Avocats et meuniers.
Amédée Pichot. Poëtes amoureux.
E. Plouvier. Dernières Amours.
Edgard Poe (*Trad.* Baudelaire). Hist. extraordinaires. Nouv. hist. extraordinaires. Aventures d'A. Gordon-Pym.
F. Ponsard. Études antiques.
A. de Pontmartin. Cont. et Nouv. Mém. d'un Notaire. Fin du Procès. Contes d'un Plant. de choux. Pourq. je reste à la Campagne. Or et Clinquant.

M. Radiguet. Souvenirs de l'Anque espagnole.
H. Révoil (*Traducteur*). Barcelone. Nouv. Monde. Docteur américain.
L. Reybaud. Dernier des Coïs. Voyag. Coq du Clocher. Industrie en Eur. Jérôme Paturot. Position sociale. Jé. Paturot. République. Ce qu'on peut dans une Rue. Comtesse des Maulèon, rebours. Vie de Corsaire. Vie de l'Emp.
A. Rolland. Martyrs du Foyer.
Ch. de La Rounat. Comédie de l'Am.
J. de Saint-Félix. Scènes de la de Gentilhomme.
J. Sandeau. Sacs et Parchemins. velles. Catherine.
G. Sand. Histoire de ma Vie, 10 v. Maprat. Valentine. Indiana. Jeanne. Mau Diable. Petite Fadette. François le Cham Teverino. Consuelo, 3 v. Comt. de dolstadt, 2 v. André. Horace. Jacques. L. 2 v. Lucrezia Floriani. Péché de M. toine, 2 v. Lettres d'un Voyageur. Mnier d'Angibault. Piccinino, 2 v. Sin Dernière Aldini. Secrétaire intime.
E. Scribe. Théâtre, 20 v. Nouv Historiet. et Prov. Piquillo Alliaga, 3
Alb. Second. A quoi tient l'Amour
Fr. Soulié. Mém. du Diable, 2 v. Cadavres. Quatre Sœurs. Conf. gén 2 v. Au Jour le Jour. Marguerite, tre. d'école. Bananier. Eulalie Po St-Jean savait… si Vieill. pouvait. Huit jours au Château. Conseiller d' Malheur complet. Magnétiseur. Léo Port de Créteil. Comt. de Monrion. gérons. Été à Meudon. Drames incon Maison n° 3 de la r. de Provence. Av. Cadet de Famille. Amours de Bonse Olivier Duhamel. Chât. des Pyrénées. Rêve d'Amour. Diane et Louise. Pre dus. Cont. pour les enfants. Quatre Sathabiel. Comte de Toulouse. de Béziers. Saturnin Fichet, 2 v.
E. Souvestre. Rhin. Confess. d'un Ouvrier. Cornu. de St de la Vie intime. Chroniq. de la Clairières. Scèn. de Chouannerie. la Prairie. Dern. Paysans. En Quataine. Scèn. et Récits des Alpes. Go d'Eau. Soirées de Meudon. Echel Femmes. Souv. d'un Vieillard. Sous Filets. Contes et Nouv. Foyer breton. Dern. Bretons, 2 v. Anges du Fo Sur la Pelouse. Riche et Pauvre. Pé de Jeunesse. Réprouvés et Élus, 2 vol Famille. Pierre et Jean. Deux M Pendant la Moisson. Bord du Lac. mes parisiens. Sous les ombrages. cocagne. Mémorial de Famille. Souv Bas-Breton, 2 v. L'Homme et l'Ar Monde tel qu'il sera. Histoires d'autr Sous la tonnelle. Théâtre de la Jeu
Marie Souvestre. Paul Ferroll duit de l'anglais.
D. Stauben. Scènes de la Vie juiv Alsace.
De Stendhal. L'Amour. Roug Noir. Chartreuse de Parme. Promen Rome, 2 v. Chroniq. italiennes. M d'un touriste, 2 v. Vie de Rossini.
Mme B. Stowe (*Trad.* Forcade).
venirs heureux, 3 v.
E. Sue. Sept Péchés capitaux : L gueil, 2 v. L'Envie. Colère, 2 v. Luxure resse, 2 v. Avarice. Gourmandise. Gl et Gilberte, 3 v. Adèle Verneuil. G Dame. Clémence Hervé.
E. Texier. Amour et Finance.
L. Ulbach. Secrets du Diable.
O. de Vallée. Manieurs d'argent.
A. Vacquerie. Profils et Grimaces.
M. Valrey. Marthe de Montbrun. les sans Dot.
F. Wey. Anglais chez eux. Lond y a cent ans.
*** Mme la duchesse d'Orléans.
*** Zouaves et Chasseurs à pied.

www.ingramcontent.com/pod-product-compliance
Lightning Source LLC
Chambersburg PA
CBHW071141160426
43196CB00011B/1965